CONTENTS

史上7校目の夏連覇か、107年ぶりの歓喜か——。前年王者・仙台育英（宮城）と慶応（神奈川）が激突した決勝戦。真夏の阪神甲子園球場に大歓声が渦巻いた一戦は、慶応が8-2で仙台育英を下し、栄冠をつかみ取った。前年、東北勢初の優勝を勝ち取った仙台育英——。“エンジョイベースボール”に代表される新時代の高校野球を体現し続けた慶応——。両校による決勝戦はまさに、高校野球の新たな道筋を示すような一戦だった。

頂点に立つ

陸の王者・慶応

107年ぶり夏の

1回表、夏の甲子園決勝戦史上初の先頭打者
ホームランを放った慶応・丸田湊斗

塾歌斉唱後、スタンドに向かって走り出す慶応ナイン

胴上げ投手になった2年生・小宅雅己

5回2死一、二塁、タイムリーツーベースを放った慶応・安達英輝

第14日　第1試合　［決勝］　2023年8月23日（水）

慶応 8-2 仙台育英

（神奈川）　（宮城）

陸の王者vs前年覇者――甲子園を大歓声が包んだ熱狂の決勝戦。

学校名	1	2	3	4	5	6	7	8	9	計
慶応	2	1	0	0	5	0	0	0	0	8
仙台育英	0	1	1	0	0	0	0	0	0	2

慶応・丸田が先頭打者アーチ隙のない戦いで慶応が圧巻V

２０２３年夏、野球の神様が与えてくれた最高の舞台。

４年ぶりに選手も応援団もファンも、思う存分に声を出してきた２週間。熱くて長い夏を戦い抜いてきた２校が、最後の力をぶつけ合う。

１００年の時空を超え、新たな野球の先駆けに――。

「日本の高校野球としても新しい歴史、新しい記録を、自分たちが今つくっている最中なんだと実感しています」

第２回大会（１９１６年）以来１０７年ぶりの優勝に王手をかけた慶応の大村昊澄（そらと）主将は語る。

頂点を知る最強軍団、史上７校目の夏連覇へ――。

「ほんとに運命の試合だなと思いますし、去年みたいな最高の景色を全員で見に行きたいと思います」

東北に初めて栄冠をもたらした昨夏もショートを守っていた仙台育英の山田脩也主将は宣言する。

満員に膨れ上がる甲子園、参加３４８６チームの頂点が決まる。

８月23日午後２時、一瞬の静寂のあと、球審の右手があがってサイレンが鳴り響く。仙台育英の先発は湯田統真。左打席に迎えるのは慶応の１番・丸田湊斗。

慶応アルプスの「陸の王者」が、いきなり圧をかけてくる。

連覇に挑んだWエース「悔いはない」

仙台育英のエース・高橋煌稀は「3年間やってきたことはこの試合で出せたかなと思います」。先発の湯田統真も「しっかり試合をやり切れたと思うので悔いはないです」と語った。

2人は昨夏も3年生と共に高橋は4試合、湯田も3試合に登板。高橋は優勝を決めた瞬間、マウンドにいた。

やはり昨夏からマスクをかぶる尾形樹人は「この2人が軸となってずっと戦ってくれた。ほんとに最後は楽しかったなと思っています」と両右腕に感謝した。

新チーム結成から昨秋は東北大会を制し、明治神宮大会でベスト4。今春の選抜大会はベスト8で春季東北大会も準優勝と、常に上位まで進出してきた。

最後の夏も1回戦から強豪校の挑戦を次々と退けた。2011、2012年の光星学院（現・八戸学院光星＝青森）以来となる2年連続決勝進出で、2004、2005年の駒大苫小牧（南北海道）以来の大会連覇にあと一歩まで迫った。

ウイニングボールを森林さんに

「今日のウイニングボールを森林さんにプレゼントします」

宿舎に戻って開催されたささやかな祝勝会で、慶応の大村昊澄主将が告げると、部員たちから歓声と拍手が湧き起こった。

森林貴彦監督が受け取り、大村主将と握手を交わす。

「ありがとう！」。白球を右手で掲げて見せた。

「楽しんだもん勝ちだと思って毎試合やっていた。それがいい結果につながったのかなと思います」と大村。

先頭打者ホームランの丸田湊斗は「あの大応援団を勢いづけるうえで、すごくいい一打席になったなと思います」と喜びを語った。

選抜大会は初戦で仙台育英と対戦し、延長10回タイブレークの末にサヨナラ負けした。地方大会直前の7月2日に練習試合で再戦し、2-4で敗れた。3度目の対戦で雪辱を果たし、前年王者に代わって夏の頂点に立った。

5球目のスライダーを丸田のバットが拾い上げる。高々と上がった打球がライトスタンドへ。

決勝史上初の先頭打者ホームラン。

この回2点で先行した慶応は、2回にも丸田がライト前タイムリーを放って3—0。

慶応アルプスが、まるで甲子園を支配しているかのようでもある。

王者もプライドをかけ、反撃に転じる。その裏、斎藤陽、尾形樹人の連打を皮切りに1点を返すと、3回にも加点して1点差に。

仙台育英アルプスの懸命な応援も、選手の背中を後押しする。

しかし5回、2番手で登板した仙台育英のエース、高橋煌稀を慶応打線が攻め立てる。7番・福井直睦、代打・安達英輝がタイムリー。さらに丸田のフライをセンターとレフトが交錯して落としてしまう。

声（慶応の大声援）が、声（仙台育英選手の声がけ）をかき消す。

この回一挙5得点で、慶応が8—2とリードを広げた。

その裏から慶応も2年生エースの小宅雅己をマウンドに送る。仙台育英も8回に斎藤、尾形の4、5番が連打でチャンスをつくったが、小宅が追い上げムードを許さない。

9回2死、ファウルフライをレフトの渡辺千之亮がつかんで試合終了。

新時代の球児たちが遥かなる時空を経て、歴史の扉を開いた。慶応が107年ぶりに日本一に輝いた。

熱闘甲子園 NETTOH KOSHIEN

慶応（神奈川）×ヒロド歩美（熱闘甲子園キャスター）

107年ぶりの頂点！
この夏、日本中を沸かせた
選手たちに会いに行きました

**この夏、107年ぶりに全国制覇を果たし、日本中に大フィーバーを巻き起こした慶応高校。
あれから約1カ月――。熱闘甲子園でキャスターを務めた
ヒロド歩美が、監督、選手に久しぶりに会いに行ってきました。**

取材協力／テレビ朝日
撮影／大久保恵造

恋バナにナルシスト⁉ 2年生が語る先輩の素顔

ヒロド歩美　改めまして、夏の甲子園優勝おめでとうございます。全国制覇から1カ月が経ちましたが、周囲の反響はどうでしたか？

大村昊澄（そらと）　こっちに帰ってきた時はすごかったです。甲子園で撮影した動画を出しながら「こういうふうに見てたんだよ」とか、いろんな話をしていただき、多くの人に応援してもらったんだなと改めて感じました。

ヒロド　甲子園球場の雰囲気は？

大村　もう忘れられない。今でも鮮明に耳に残ってたりするぐらい。あの声量とか熱気とか空気、一生の宝物だなっていう感じです。

ヒロド　丸田くんはヒーローインタビューの景色はどうでしたか。大村くんと一緒に立ちましたが。

丸田湊斗　うれしい気持ちが大きすぎて、「わぁ、ここに立ってるんだ」って、かみしめる余裕もなかったんです。あっという間、朝起きて勝ってホテルに帰ってきてた、みたいな。

ヒロド　小宅くん、加藤くんはどんな思いでしたか？

小宅雅己（おやけ）　春の敗戦から始まって、また仙台育英さんとやりたいって思っていて、実際に夏の決勝で当たることができた。すごい良い結果で終えられたのでよかったです。

加藤右悟（ゆうご）　日本一を目指して甲子園に入って、終わった時は、先輩たち

かっこいいなと思いました。

ヒロド　先輩たちというと、大村くんと丸田くんそれぞれのかっこいいところを、ぜひ教えてください。

加藤　大村さんのかっこいいところは、メリハリがすごいしっかりしているところです。普段は優しく、ご飯も連れて行ってくれたりして、いろいろ話を聞いてくれます。野球になると、先頭に立ってみんなを引っ張っていくっていうメリハリがはっきりしてる人だなって思います。

ヒロド　丸田先輩は？

加藤　もちろん顔が一番かっこいいんですけど（笑）。性格の面でいうと、気にかけてくれる場面がすごい多くて。僕が打てないでライトの守備位置に戻ると、こうやって（右手を頬にもっていき）、「笑えよ」と言ってくれたりとか。周りが見えてるってのはかっこいいなって、少しだけ思います。

丸田　少しだけ？（笑）

小宅　大村さんとは同じ寮に住んでいます。寮にいる時はリラックスというか、自分も甘えちゃうんですけど（笑）。自分の野球の心の支えっていうか、癒やしてもらえます。丸田さんは体のことを気にしてくれることが多い。みんなが気づかない時も、言ってくれることが多くて。ほんとに周りが見えてるっていうか、すごいなって思います。

ヒロド　もしあれば、実はこんなギャップもあるんですよってところも。

加藤　大村さんは、意外と恋バナしてくることが……（笑）。大村さんの話も聞きますし、僕の話も聞き出してくるので……。

ヒロド　素晴らしい！　大村さん、大村さん、どうですか？

大村　いや、右悟はかわいい後輩なんで、なんでも話を聞いてあげたいなっていう風に思ってて……。

ヒロド　丸田先輩はどうでしょう？

加藤　丸田さんのギャップですか？意外とナルシストっていうか（笑）。

丸田　（苦笑いで首を振る）

ヒロド　先輩、首振りましたよ。

加藤　他人からの評価はあんま気にしてなくて、自分が正しいと思ったことをやってるイメージがあって。監督の森林さんに反抗している姿も結構見ました。試合中、サイン出てないのに走っちゃったり。それで決めちゃうから、ちょっとナルシストになっちゃうのかなって。

ヒロド　でも、アスリートって、ナルシストというのも大事な部分じゃないですか。どうですか、丸田先輩。

丸田　この場面で必要だなとか、自分でイケるなって思ったら、自分から盗塁のサインを出したりとかもしてたんで。そういうのが許されるし、そういうのを評価してくれるチームではあるんで。

ヒロド　ちなみに反抗というのは？

丸田　反抗……（笑）。まあ、一方通行にならないように、与えられたメニューとかにも、自分の中で疑問のフィルターを通すようにはしてます。

ヒロド　キャプテン、なんで笑ってるのかな？

大村　結構反抗するんですけど、直接言うんじゃなくて、全部僕に言わせるんで。「大村、これ言ってくんね？」って（笑）。丸田が森林さんと直接対決したことは、たぶんないです。

エンジョイベースボールは「楽しむ」ではなく「愉しむ」

ヒロド　甲子園優勝で話題になった〝エンジョイベースボール〟についても改めて教えてください。エンジ

丸田湊斗選手

加藤右悟選手

ョイだけじゃない、陰の努力の部分がすごくあったと思うんですが、その真意を教えてもらえますか。

大村　入部した時にミーティングで紙が配られて、「あなたにとってのエンジョイベースボールはなんですか」というレポートを書くんですよ。その時に、いろいろ向き合うんですけど、行きつくのはやっぱり甲子園のあいう舞台で、レベルの高い相手と、すごい応援の中で、野球が心の底から楽しいと思ってやるのがエンジョイベースボール。真意はそこにあるんじゃないかなと思います。森林さんの意見としては、レベルの高い野球を心の底から楽しんでやるってことがエンジョイベースボールだけど、それが正しいとは限らない。だから、それぞれのエンジョイベースボールを探しなさいって言われて、毎日練習してきたんですけど、やっぱり森林さんが最初に言ってくれたことが全てだったんだな。2年半しっかり自分で考えた上で、そう思ったんで、森林さんのすごさに驚いたりしました。

ヒロド　どのようなすごさですか？

大村　人生何周目ですか？　っていう感じ（笑）。何があっても動じない芯の強さとか、優しさとか。本当の意味の優しさが、森林さんにはあります。そういう監督のもとで、野球ができてよかったなって思いますね。

ヒロド　そのレポートは丸田くん、覚えてますか？

丸田　何を書いたのかは覚えてないですけど……（笑）。エンジョイベースボールっていうのは、野球を芯の部分まで楽しみ尽くそうっていう気持ちだと思うんで。種までしゃぶり尽くしてやろうみたいな。「楽」の楽しむではなくて、りっしんべんの「愉しむ」かなと思っています。

ヒロド　なるほど！　2年生はどう？

小宅　日本一という目標を達成できたけど、その2年間の中でもいろんな苦しいことが自分の中でありました。現時点では、そういう努力とか苦しかったことも、一つの目標が達成できて報われたっていうか、そういうのがあって、その中で自分は野球を楽しみながらできました。

ヒロド　ところで、甲子園の前と後で変化はありましたか？

丸田　自分は高校日本代表チームの遠征があって、他のメンバーより遅く学校に行ったので、ちょっと熱が冷めていたところもあったと思います。でも、いっぱい声をかけられて、うれしかったですね。知らない子がクラスに来たりとか（笑）。

加藤　体育の授業とかで、みんな丸田さんのまねをしています（準々決勝で二塁打を打った後、両手を下から上に動かしたポーズをする）。

ヒロド　出ました！　丸田くん、まねされてるそうですよ？

丸田　全然知らないです（笑）。いま聞かされました。

ヒロド　この夏、印象に残っているシーンも、ぜひ教えてください。

大村　沖縄尚学との準々決勝の6回、（清原）勝児が代打で出た場面です。あそこで、ほんとに球場の空気が変わったなって。あそこで勝児が代打でいってなかったら負けてたかもしれないなって思うくらい。陰のヒーローは勝児だなって。

丸田　僕は広陵戦のタイブレークで延末（藍太）がタイムリーを打った時が一番印象に残ってます。選抜大会はタイブレークで悔しい思いをした。もう1、2点欲しい場面で延末が打ってくれて、これでイケるんじゃないかって感じにもなった。

ヒロド　決勝の先頭打者ホームランも注目を浴びましたよね？

丸田　すごくうれしかったんですけど、ほんとにあっという間だったんで。あんまり思い起こせなくて。公式戦初本塁打で、塁を回ってる時も、なんかすごいフワフワしてる感覚だった。あとから動画を見て、やっと思い出せるぐらいで、自分の記憶に鮮明に残っているわけじゃなくて。

小宅　僕は神奈川大会決勝、横浜戦の渡辺（千之亮）さんのホームランです。自分が先発させてもらったけど5失点で、チームに申し訳ないって思ってたんです。最終的に逆転して甲子園に行かせてもらって、チームメイトのありがたみ、大切さがほんとに分かりました。

加藤　僕は甲子園準決勝の土浦日大戦で大村さんが打ったタイムリーです。この1年、大村さんが続けてきてた2ストライクアプローチ。しっ

大村昊澄主将

本中を沸かせた選手たちに会いに行きました

小宅雅己投手

107年ぶりの頂点！　この

ヒロドさんが高校野球取材を始めたころから選手や関係者に書いてもらっているノート。大村くん、丸田くんのふたりにも「甲子園とは?」を書いてもらいました。大村君は「過去最高の恩返し」、丸田くんは「思い出の宝箱」……夏の甲子園を沸かせたふたりにとっても、この夏は一生の思い出になったはず。それにしても、ふたりそろって達筆!

かり粘って、甘い球を自分のスイングでとらえるっていうのを取り組んでいる姿をずっと見てたので。あの場面でやれて、ベンチに向かって3本指ポーズした時、かっこいいなって思いました。

ヒロド　日本一をとって、将来どういう風に歩んでいきたいですか？

大村　僕は大阪桐蔭から慶応大学にいった福井章吾さん（トヨタ自動車）にすごい憧れてます。大学でも福井さんのようにキャプテンとして日本一になれるよう頑張りたいという目標があるんです。あとはトヨタ自動車で一緒に野球をやれたらなっていうふうに思ってます。人としては、どの場所に置かれても、みんなをいい方向に導ける。慶応の目的が「全社会の先導者」なんですけど、自分も結構好きです。どんな会社に就職しても、どんな場所にいても、みんなを幸せに導けるような、そういう人間になりたいなと思っています。

丸田　森林さんが「この甲子園優勝を人生のピークにしてほしくないな」って、この前言ってたんです。確かに大きなことを成し遂げたんですけど、ピークにならないようにこの先を過ごしたいなって思っています。

ヒロド　追われる立場になる2年生に、どんなエールを送りますか？

大村　自分たちの代はずっとチャレンジャーという言葉を大事にやってきました。どんと構えるんじゃなくて、貪欲にいろんなチームから学んで、自分たちはまだまだっていう思いを常に持ち続けて、また日本一っていう目標に向かってチャレンジしてほしい。自分たちの新しい野球を、新しい歴史を作るんだっていう思いで、また一から地道に頑張っていってくれたらいいなって思っています。

丸田　（加藤）右悟がキャプテンになって、キャプテンの理想像っていうような大村を追っかけがちになるとは思うんです。でも、一人でやろうとせず、新3年生全員で助け合って、みんながキャプテンぐらいの気持ちでやってくれればいいなと思います。

ヒロド歩美×森林貴彦

慶応高校野球部監督

揮官が語る〝エンジョイベースボール〟の真意とは？

積み重ねの上にある エンジョイベースボール

ヒロド　まずは、夏の甲子園優勝おめでとうございます。優勝から2カ月ほどたちましたけど、今どういう心境ですか？

森林監督　お祝いやメッセージをいただいたり、報告会とかセレモニーがあったりして、だいぶ実感が湧いてきたというところです。一方で、すぐ新チームがスタートするのが高校野球の宿命なので、余韻に浸るよりは、どうしよう、頑張らなきゃという気持ちの方が強かったので、両方ですかね。

ヒロド　甲子園を振り返ってみて、パッと思い浮かぶシーンはどこですか？

監督　いろいろありますけどね、3回戦の広陵とのタイブレークも大変苦しい試合でした。10回裏は3年生の松井喜一が頑張って投げてくれました。選抜大会のタイブレークで仙台育英にサヨナラ負けした時も松井でした。そんな彼が最後を三振で仕留めてゲームセットになった場面は、うん、すごく印象的でしたね。

ヒロド　選手の皆さんもそれぞれでした。大村くんは沖縄尚学戦で清原勝児くんが代打で出て、空気が変わった瞬間が印象的だったそうです。

監督　勝児の代打ですか？　それを少し期待してたところもありました。まあ、想像以上の、こう湧き上がってくるような歓声がありまして、だいぶ力をいただきましたね。

ヒロド　小宅くんは神奈川大会の決勝をあげてました。

監督　神奈川には本当に強い学校がいっぱいあって、ずっともまれてきたからこそ甲子園でも戦えたと思っています。

ヒロド　甲子園でチームはどのような成長をとげたと感じますか？

監督　心の安定と言いますか、どんな試合でも自分たちが持ってる力をほぼ100％出せるチームになってきたので、そこが大きな成長だったかなと思っていますね。

ヒロド　エンジョイベースボールが注目されました。ただ楽しむだけではないですよね。その真意を改めてお聞かせください。

監督　どうしても笑顔を切り取られて、ニコニコやりながらやればうまくいくのかっていうと、全然そんなことはない。日々の地道な練習の積み重ねの上にあると思っています。私の場合、「よりレベルの高い野球を楽しもう」と訳します。一人ひとりが上達する、チームとして成長することを日々目指していくことが、スポーツの楽しみ方じゃないかなと思います。

　勝ちたいって気持ちだけで野球をやっていると、つらいんですよね。そんなことよりも、今この瞬間、この甲子園の舞台で、満員のお客さんの前で、仙台育英っていうすばらしい相手と試合ができてる自分たちって幸せじゃん。そういう感覚がありましたし、選手もそう思ってくれたと思います。

ヒロド　入部時にエンジョイベースボールについてレポートを書くそうですね。大村くんは「森林さんから『僕の答えはこうだけど、自分の答えを探しなさい』と言われ、2年半

たった今思うのは、監督の答えと同じでした」と話してくれました。

監督　大村、そんなこと言ってた？ あいつは上手ですからね（笑）。私自身も教えるっていうつもりはなくて、大好きな野球を一緒に探求したい。俺の言うこと聞いてたら甲子園に行けるぞっていうつもりは全くない。むしろ私を連れてってくださいと（笑）。

ヒロド　加藤くんからは、丸田先輩はプレーで監督に反抗しているみたいなこぼれ話もありました。

監督　それがうちの究極の形だと思っています。相手への対策をするけど、本人の感性とかでそこを上回っていく。広陵戦の1回の盗塁なんかそう。サイン出してないのに勝手に行った（笑）。ベンチでみんな、「すげぇな、あいつ」と。私のサインや事前の準備を超えてくことが大事なんです。うまくいかなくてもいい。チャレンジする姿勢がすごく大事だと思うので。丸田みたいな選手はなかなかいないですけど、私自身も見てて痛快でしたね。

107年ぶりの頂点！ 慶応

ヒロド　選手たちの活躍によってエンジョイベースボールを知った子どもたちに、どんなことを伝えたいですか？

監督　スポーツは本当に楽しいものです。チームで勝つことも、成長を感じるのもスポーツの楽しみです。打てなかった球が打てるようになったとか、届かなかったところまで投げられるようになったとか。そうやって成長を実感させてあげることが指導者の務めだと思っています。ですから、高校野球という枠の中でやってますけど、いかに選手たちが楽しんでいるかを伝えることが、小さい子たちに良い影響を与えると思いながらやっています。

ヒロド　選手には将来、どんな人間になってほしいですか？

監督　どんな世界にいっても、少しでも成長しようという意欲を持ってほしい。どうやったら自分は成長できるのか。周りをどうやって巻き込んだら、みんなでいいチームになるのか。そういうことを考え、実行できる人になってほしいです。

　甲子園優勝は、野球をやってきた人にとって最高の勲章であることは間違いない。ただ、人生は長い。振り返った時、そこがピークだったと思うより、人生上り坂で、もっといいことがあるぞ、もっと活躍するぞ。そう思えるような人生を送ってもらいたいと思っています。

ヒロド　秋季大会は苦しい場面がありましたが、いかがでしたか。

監督　時間が短い中で懸命に準備する1、2年生たちの頑張りは、私も近くで見させてもらった。私から見てもそんな悔いはなくて、みんなよく頑張ってたなと思うんです。ただ、高校野球って1つの負けをきっかけに成長できるかどうかっていうことが大事です。あの敗戦があってよかったねって振り返れるような来年の春や夏にしていきたい。彼らもそのつもりだと思います。

PROFILE

もりばやし・たかひこ　1973年、東京都生まれ。慶応義塾高校、慶応義塾大学法学部卒。高校時代はショート。大学時代は母校の学生コーチを務める。NTT就職後に指導者を目指し、筑波大学大学院に進学。コーチング論を学びながら、つくば秀英高（茨城）のコーチをした。2002年に慶応幼稚舎（小学校）の教諭となり、同高校コーチに就任。2015年8月から監督。2018年と2023年に春夏連続で甲子園出場に導き、監督として4回目の今夏に優勝を果たす。

選手と同様に、森林監督にも「甲子園とは」について一筆、したためていただきました。「たかが甲子園、されど甲子園」。高校野球の未来を考える森林監督らしい言葉です!

“限りなく金色に近い銀メダル”

**2023年夏の甲子園――。
決勝戦で慶応に敗れたものの、2年連続で頂点を決する舞台まで駒を進めた仙台育英。
東北勢初の甲子園優勝を経て挑んだ“夏連覇”。その軌跡を、辿る。**

取材・文／相沢孔志（日刊スポーツ）

慶応との激闘を経て、仙台育英がつかんだもの

2023年8月23日――。昨夏の東北勢初優勝を経て、2年連続で甲子園決勝に進出した仙台育英が慶応に2－8で敗れた。04、05年優勝の駒大苫小牧以来、史上7校目の「夏連覇」にあと1勝と迫ったが、107年ぶり2度目の歓喜を目指した全国屈指の伝統校に阻まれた。

勝利への鍵だった先制点を奪われ、主導権を握られた。全6試合登板の湯田統真が1回、丸田湊斗に先頭打者本塁打を浴び、なお2死一、二塁からセンター前タイムリーでこの回2失点。今夏公式戦11試合目で初めて2点をリードされ、2回は丸田にライト前タイムリーを許した。

真夏の頂上決戦。このまま終わるわけにはいかなかった。3点を追う2回に内野ゴロの間に1点を返し、3回は暴投で1点差。同点、逆転に流れが傾くかと思われたが、5回からリリーフした高橋煌稀が、2死から3本のタイムリーを許し、さらにエラーも出て一挙5失点。試合は一気に慶応ペースとなった。

以降はスコアボードに「0」が並び、6点を追う9回2死二塁、橋本航河のレフトファウルフライで試合終了。喜びと悲しみが交錯するグラウンドで、慶応の優勝インタビューを聞いていた須江航監督は「不思議ですね。何かもっと悲しいのかなと思ったんですけど、慶応さんをたたえたいと心から思いました」と拍手を送った。

勝者がいれば、敗者がいる世界――。宮城大会初戦を控えた7月13日、須江監督は選手たちに「負ける覚悟をちゃんとしていこう」と伝え、翌14日の大崎中央戦に臨んだ。

「（大会が）始まるということは終わるということ。いつ終わっても残念な行いや振る舞いはしたくない。明日（14日）1発で負けた時に泣いて、悲しくなって終わるのはやめて、相手をたたえられて自分たちも終わるような準備をしようと。『グッドルーザーであれ』とずっと言っているので」

「打倒・仙台育英」に燃えた県内のライバルを破り、つかんだ夏連覇への挑戦権。甲子園では浦和学院、聖光学院、履正社、花巻東、神村学園に勝利し、決勝に駒を進めた。惜しくも準優勝に終わり、悔しい思いや涙がこみ上げる中、ナインは指揮官の言葉を忘れずに拍手で健闘をたたえた。

激闘から一夜明けた8月24日。仙台駅に降り立つと、自然と背筋が伸びた。2000人以上の宮城県民らに出迎えられ、仙台市内の同校で開かれた報告会には、学校関係者や保護者ら約350人が出席した。首から銀メダルをかけた須江監督は、心から応援への感謝を伝えた。

「最後の最後に優勝という結果はついてきませんでしたけど、『限りな

仙台育英

く金色に近い銀メダルだなと思います』。野球部で言うと控えでベンチに入っていない選手、応援の皆さんの力があったから、今日こういうところで報告会ができる。とても幸せです。全国の高校生で今、高校野球でこの2年間で金色と銀色のメダルを持っている人はいないですからね。本当にみんなの応援のおかげです」

「本当に優勝したんだなぁ…」頂点を極めた2022年夏

私は日刊スポーツ新聞社の記者として、昨夏の宮城大会1回戦から今年3月のセンバツ準々決勝までの全26試合、本年度は春夏秋で計15試合を現地取材した。21年7月17日、宮城大会4回戦の惜敗から始動したチームは、同年秋の東北大会準々決勝で花巻東に敗れ、センバツ出場はかなわず。昨春の東北大会は初戦敗退だった。同夏宮城大会1回戦の柴田戦は、4点リードの9回に2点差にまで迫られたが、逃げ切って初戦を突破。甲子園初優勝に続く道のりの第1歩を踏み出した。

試合後、当時2年生だった尾形樹人は、同春東北大会後のミーティングで「秋に花巻東に敗れたこともあり、自分たちは力がない。全員で束になって、粘り強く夏に向かっていこう」という思いをチームで共有したことを明かした。そして、今後に向けて「日本一を目指しているのですが、そこばかりを見ていたら足をすくわれるので、とにかく一戦必勝で。自分たちの野球、持ち味を出せるようにやっていきたい」と意気込んだ。

21年の敗戦を糧とし、「一戦必勝」を唱え続けて、目の前の試合に集中していた。最速140キロ超えの投手を複数擁した「守り勝つ野球」で失点を防ぎ、小技や意識の高い走塁、つなぐ打撃で得点を重ねながら――。全国制覇に1歩ずつ近づき、東北勢春夏通算13度目の決勝となった22年8月22日、下関国際戦でその瞬間が訪れた。7点リードの9回2死一、三塁、高橋がサードゴロで優勝を決める最後のアウトを奪うと、須江監督は両腕を突き上げ、空を見上げて涙があふれる目を押さえた。

「同じくこれ（全国制覇）に挑戦した佐々木順一朗先生、竹田利秋先生、光星学院（現・八戸学院光星）の金沢（成奉）さん（現・明秀日立監督）、仲井（宗基）さん。本当に東北6県の監督さんや選手の顔や表情が浮かんで、皆さんのおかげだなという気持ちがあふれました。今まで『日本一を取るぞ』と言いながら、日本一を取ることができなかった子たちの顔が浮かびました。申し訳ないという気持ちもあった涙です」

東北全体から寄せられた期待と応援を受けて、初の全国制覇。埼玉出身で同校OBの指揮官は開口一番「宮城の皆さん、東北の皆さん、おめでとうございます！」と祝福した。

その年が夏の甲子園初取材だった私は記者席で担当校の優勝を見届け、すぐに原稿を執筆。仕事が一段落し、先輩記者らと食事に向かった。午後11時ごろ、店内のテレビの「熱闘甲子園」では、選手がマウンドで大喜びする瞬間が映し出されていた。私は夏の終わりを実感してつぶやいた。

「本当に優勝したんだなぁ……」

解散後は宿泊先に帰っても興奮や緊張、さまざまな思いがこみ上げ、一睡もできなかった。一夜明け、仙台育英は、常に「連覇」の言葉がのしかかる新チームとなった。

歴史的快挙を経て、今度は「追われる」立場に

新チームの初戦は、センバツ出場につながる秋季県大会2回戦の登米総合産戦だった。1年から主力の山田脩也が主将となり、5回コールド勝ちで幸先の良いスタートを切った。甲子園後に先輩から託された言葉はなかったというが、「決勝の夜、宿舎で佐藤悠斗・前主将から『2年生から一言話してほしい』と言われ、自分が選ばれた。自分的には『お前が来年キャプテンやるんだぞ！』ということは感じ取られたので、自分がキャプテンをやりたい」と立候補したという。

優勝メンバー8人が残ったチームは強力で、夏はベンチ外だった湯浅桜翼らの活躍もあり、着実に白星を重ねた。準決勝、決勝の2日間は試合会場に「深紅の大優勝旗」を展示。多くの観客が写真撮影をする中、感慨深そうに優勝旗を見ていた高齢の男性を私は取材した。

その男性は「宮城県に初めて仙台育英が（優勝旗を）持ってきたのは、OBとしてうれしいです。私が高校1年の時に初めて甲子園に行きました」と振り返り、1963年夏の甲子園初出場時はアルプス席で応援していたという。それから59年。後輩たちが悲願を成就させた喜びは、ひとしおだった。

「優勝は感無量です。宮城大会1回戦から苦戦しながら勝ち上がり、1戦1戦強くなっていくのを実感しました。（後輩には）ぜひ（夏春）連覇を。選抜大会の最高は準優勝だから、優勝を狙ってほしいです」

決勝は東北に1—2で惜敗したものの、東北大会では東北との決勝での再戦を制し、雪辱を果たした。各地区の優勝校が参戦する明治神宮大会では、初戦の沖縄尚学戦で4点を追う9回に驚異の粘りで、逆転サヨナラ勝ち。準決勝の大阪桐蔭戦は3点を追う9回に2点を返して追い上げたが、4—5で敗れた。須江監督の表情は晴れやかだった。

「勝って終われれば言うことなかったんですけど、負けて終わった中では、最高の負けだったなと思います。大阪桐蔭さんと公式戦で対戦できて、届きそうだなという感覚もあるし、でも役者が違うというか、1個遠いなというのも体感できたので。こんなすてきな終わり方はないと思うので、春が楽しみです。きっとやってくれると思います」

い銀メダル”

枯れ葉が落ち、肌寒い秋の全国でも結果を残した。貴重な収穫と課題を得て、鍛錬を積むオフシーズンへ。夏春連覇や夏連覇の可能性を持ったチームは再出発した。

春の敗戦を糧に挑んだ “連覇”を目指した夏

23年1月に選抜大会出場が決まり、優勝候補の一角に挙げられた春は、初戦（2回戦）の慶応戦を延長10回タイブレークの末、山田のサヨナラタイムリーで劇的勝利。3回戦の龍谷大平安戦は攻守がかみ合い、準々決勝に駒を進めた。3回戦から連戦となる報徳学園戦に向け、須江監督は「全出場校の中で一番、攻守に力強い野球をバランスよくやっている。『明日が決勝戦』だなというつもりで臨まないと勝てない相手」と警戒していた。

3月29日の第4試合、報徳学園との一戦。1回に今大会初めて先制点を奪われ、序盤2回までに3点をリードされる展開。それでも仁田陽翔から救援登板した高橋、湯田、田中優飛が踏ん張り、2点を追う9回に斎藤陽のタイムリーなどで追いつき、延長10回タイブレークへ。表の攻撃で1点を勝ち越したが、同裏はエラーで同点とされ、なお2死満塁で田中がタイムリーを浴びてサヨナラ負け。試合後、激励の拍手が送られながらグラウンドを引き揚げ、田中は号泣しながら言った。

「須江先生からは『お前が一番、度胸がある』と言ってもらって、あの場面も任せてもらった。試合後は、あの展開にした俺らが悪いと野手が言ってくれた。先生からは『秋までは見られない投球だった。成長したな』と言ってもらった。選抜大会は僕が終わらせてしまったので、夏は僕が締めて優勝したい」

あの敗戦から約1カ月後の4月22日。チームは選抜大会後最初の公式戦である春季県大会中部地区予選に臨み、仙台東に5回コールド勝ちした。先発した田中が5回3安打9奪三振1失点と好投した。須江監督は

「田中が甲子園ですごくいい経験をした。負けた時のコメントが、『僕で終わらせたので、夏は自分が締めて優勝したい』みたいなことを言っていたので、そのコメントはちょっといいなと思って。育てたいなと思っています」。

ベンチ入りした3年生投手は高橋、湯田、仁田、田中。いずれも最速145キロを超え、それぞれが高いレベルで持ち味があった。ゲームメイク能力がある田中は、春の県大会決勝で7回1安打13奪三振1失点と先発の役割を果たし、優勝に貢献した。須江監督は田中の投球を喜んでいた。

「収穫が大きい。多分、一番チームとしてプラスになることだと思います。湯田と高橋が、ひとつ安定感が高いと……。どの場面で投げても、ある程度のパフォーマンスを発揮してくれるランクがチームの中でありますけど、そういう評価に上がってきた。ゲームをつくれる左投手の存在はとても大きいです」

チームはその後、東北大会決勝まで勝ち上がるも、今夏甲子園で8強入りした八戸学院光星に2-3で惜敗。一発勝負の夏まで1カ月。主に打撃強化に注力し、仕上げに入った。

東北大会後、2年夏から4番で起用される斎藤陽は、八戸学院光星戦の1敗をこう振り返った。

「日本一を狙える投手陣はいるんですけど、野手陣が応えられていない。いろいろなことが重なっての敗戦だと思うんですけど……。日本一の打撃力ではないと感じます」

1年夏の宮城大会4回戦敗退と2年夏の甲子園優勝という「天国と地獄」を知る4番。高校最後の大会に懸ける思いは強かった。

「負けて終わるのは嫌なので、最後は笑って終わりたい。また須江先生を日本一の男にしたいですし、今までいろいろな苦しいことをやってきたので。1年生の時に悔しい思いをしているので、甲子園は簡単に行けないというのはわかっています。一戦必勝で戦って、いつの間にか優勝していたみたいな野球をしたいと思います」

“限りなく金色

6月下旬の抽選会では「全員で甲子園に優勝旗を返しにいくことを目標にして、一戦必勝という言葉を忘れずに戦いたい」と意気込んだ山田。初戦から2試合連続コールド勝ちをすると、準々決勝は東北に完封勝ちして勢いが加速した。準決勝、決勝は2桁安打の快勝で2年連続の甲子園出場が決定。王者として迎える大会に対し、須江監督は気を引き締めた。

「優勝できれば言うことないんですけど……。100年に1回しかなかったことが、2年連続で起こるなんてそんなことはないと思うので。でも、その挑戦権があるのは私たちだけ。甲子園に出られることに本当に喜びを感じて、どうなるのか一緒に宮城、東北の皆さんと楽しめたら。精いっぱい、彼らが持っている力を発揮できるようにサポートします」

甲子園では強敵相手に実力を存分に発揮。東北大会後から、さらにバットを振り込んできた打線は6試合で66安打5本塁打48得点をマーク。3回戦の履正社戦では、3―3の8回無死二塁、4番のバントで走者を進め、5番が勝ち越しスクイズという勝負強さも光り、投手陣が打たれても全員でカバーした。

今年も高校野球を通して、東北に感動をもたらした仙台育英。須江監督は多くの人が出迎えてくれた仙台駅の光景を忘れない。

「温かい街だと思いませんか？ 勝った時より負けた時の方が人が集まるなんて、とても宮城が好きになりましたね。あらためて。選手にとって最高の教育ですね。温かく出迎えてもらったことは、一生心に残ると思うので。この街を好きになるとか、大切にしたいとか、負けた時に手をさしのべてくれる優しさみたいなのを仙台や宮城の方から教えてもらいましたから、最高の教育だと思いました」

夏のドラマを経て、注目度が増した新チームは、秋季県大会準々決勝で敗れた。険しい道のりの先にある「2回目の初優勝」。大きな目標に向かって奮闘する名門のさらなる成長に注目していきたい。

熱闘甲子園 NETTOH KOSHIEN 2023キャスター

斎藤佑樹 INTERVIEW

熱闘甲子園のおかげで、今の僕がある

2023年夏の「熱闘甲子園」でキャスターを務めた斎藤佑樹さん。早稲田実業のエースとして“夏の主役”となった高校時代から17年——。今度は“伝える側”として高校野球に触れた率直な思いを伺いました。

取材・文／安藤嘉浩
撮影／日下将樹

“斎藤佑樹だから伝えられること”を意識しました

——「熱闘甲子園」のキャスターを初めて務めて、いかがでしたか。

自分が高校生だったころと比べて野球も進化していて、すごく新鮮でした。自分が見る側、伝える側ということもあり、景色が本当に違って見えました。選手の時は必死でやっていて、観客の皆さんの顔を見ることもありませんでしたから。スタンド側から見てみると、子どもから高齢の方まで色んな人たちが、両チームを応援している。ホームもアウェイも関係なく、みんなが高校球児を見守っている。それが高校野球の素晴らしさ、甲子園の素晴らしさだなと感じました。

——ご自身も高校時代、夏の甲子園で日に日に応援されるチーム、選手になっていきましたよね。

そうですね。勝ち上がっていくにつれて、応援をしてもらえる数がすごく増えてきたとは思います。

——一方で、甲子園は負けたチームが去る時の拍手も温かいです。

温かいですね。これは僕が言うことじゃないかもしれないですけど、夏に優勝できるのは1校しかない。負けたチームから学ぶことが、僕たち大人もすごく多かった。一生懸命やる姿とか、最後まで諦めない姿とか。だから、負けた選手にも拍手を送るのは当然というか、色んな感動を見せてくれてありがとうという気持ちで、僕も拍手を送らせていただきました。

——「熱闘甲子園」も敗者に拍手を送るスタイルで続けてきた番組です。どんな想いで参加しましたか。

僕が出演させてもらうのは、野球を長くやってきたからではなく、甲子園での経験があるからだと思っています。自分が高校時代に経験したこと、斎藤佑樹だから伝えられる気持ち、マウンドでバッターに対する思いとかも交えながらお伝えできたらいいなと思っていました。コロナ禍が落ち着き、取材ができたのも大きかったです。選手の話を試合直後に聞くことができました。自分はピッチャーの気持ちしかわからないけど、ピッチャー以外の選手の話も聞くことができた。初めて知ることも多かった。だからこそ、その初めて知った思いというのを、新鮮な気持ちのまま、スタジオでお伝えできたらいいな、と考えました。

――開幕日は浦和学院の1年生4番・西田瞬選手に注目しました。

実は僕たちが甲子園に出場した時も、1年生で活躍した佐々木孝樹という後輩がいました。彼も1年生唯一のレギュラーで、決勝再試合の時も9番ライトで出場しています。僕たち3年生は大会が終わったら、高校野球は卒業だし、すべてを出し切れるという思いも当然あるけど、1年生ってどう思ってたんだろう。当時は考えなかったけど、17年越しにこういう立場になってみると、すごく気になりました。あのころ、3年生で優勝して引退するっていいよな、とよく言われたんですよ。和泉実監督にも「俺は残って、また新しいチーム作んなくちゃいけない。お前たちは気持ちいいまま終わるからいいけど、俺はどうすればいいんだ」というようなことを言われました（笑）。確かにそうですよね。1、2年生は次の大会がある。優勝した経験があるとはいえ、アドバンテージがもらえるわけではないですから。西田くんは今回の経験を生かして、今度は自分が甲子園に連れてくる気持ちで頑張ると言っていました。楽しみですよね。彼が1年生で出たことによって、来年、再来年につながる可能性がある。熱闘甲子園としても注目し続けていければ素晴らしいですよね。

――北海の2年生キャッチャーにも直接取材をしました。

大石広那（こうだ）くんですね。あのキャッチングをするために、普段からどういう気持ちで練習に取り組んでいるのだろう。僕はピッチャー目線で話をさせてもらったんですけど、すごく気になったんです。やっぱり現場に行って直接見てみないと分からないですし、話を聞いてみないと彼らの思いは分からない。自分の現役時代のヒントから広げていって取材したという感じです。大石くんには南北海道大会の始球式で受けてもらったというご縁もありました。自分が投げたからこそ、彼のキャッチングがすごい上手だなって思いました。

――選手を取材する時は、どんなことを大切にしましたか。

なんて言うんでしょう……当たり前ですけど、テレビとして欲しいコメントを求めるのではなくて、純粋に僕が知りたいことをちゃんと聞きたいと思いました。番組として聞いて欲しいことはあると思うけど、それをちゃんと僕の中に落とし込んだ上で、ちゃんと自分が知りたいことを、ストレートに伝えられるようにしようと心がけました。

――質問していて、「やっぱりそうか」ということもあれば、「へえ」という気づきもありましたか。

沖縄尚学の東恩納蒼（ひがしおんな あおい）くんにプレートを踏む位置について聞きました。僕も一塁側を踏んだり、三塁側を踏んだり、投げ分けていました。でも、あそこまではみ出して踏むということはなかった。三塁側を踏む意図は分かるんだけど、はみ出して踏むまでして投げたいボールは何だろうということが知りたかったんです。東恩納くんは2種類のスライダーがあって、それを使い分けたい。しかもバッターから遠く見えるよう意識していると話してくれました。取材している中で、自分がこうだろうなと思って質問しても、「違います」と言われることも当然あるじゃないですか。それは逆に「あ、そうなんだ」という発見になる。野球人として勉強させてもらいました。

――日大三の安田虎汰郎くんは投球フォームに注目して取材しました。

ピッチャーからすると、あそこまで体を一塁側に倒して投げると、結構、体に負担になる。彼は真縦の回転のボールを投げたいから、腕を真縦に投げるフォームにたどり着いたという。それを実践するのは、なかなか難しいじゃないですか。足腰に負担がかかります。そのためのトレーニングについても知ることができて、なるほどなあと思いました。

――斎藤さんがライバルだった日大三のエースに取材するというシチュエーションも、高校野球ファンにとってはたまりませんでした。

本当ですね。高校野球総合情報サイト「バーチャル高校野球」の取材で学校にも行かせていただきました。彼らの意識の高さも含めて、日大三高の強さを、引退してから改めて感じたからです。取材してみると、三高の選手はコミュニケーション能力がすごく高い。大人とふつうに会話ができるんです。質問に対して自分なりのアレンジを加えて返してくれる。日大三高の素晴らしいところだと思いました。

――「バーチャル高校野球」で色んな高校に行かれたのも、斎藤さんの

熱闘甲子園キャスターとして精力的に取材を行った斎藤佑樹さん

野球人として、勉強させてもらうことも多かった

100年先まで、高校野球と一緒に続いてほしい番組です

斎藤佑樹（さいとう・ゆうき）
1988年6月6日生まれ、群馬県出身。早稲田実業時代には2006年甲子園に春夏連続出場。夏の甲子園は決勝戦で駒大苫小牧と延長引き分け再試合の激闘を制して同校を初優勝へと導く。早稲田大学に進学後もエースとして活躍し、六大学通算31勝、323奪三振。2010年ドラフトでは4球団競合の末に日本ハムに入団。2021年に現役を引退。引退後はキャスター、CM出演、野球の普及活動など幅広く活躍。2022年から高校野球総合情報サイト「バーチャル高校野球」のフィールドディレクター。2023年夏に「熱闘甲子園」のキャスターに就任。

引き出しになっているのですね。

選手たちが丸刈りではない慶応義塾高校が優勝して話題になりましたけど、そういう学校は他にも結構あるわけです。そういう変革期に取材者として携われていることは、本当にいい勉強になっていると思います。

栗山監督の野球観を聞けてすごく勉強になりました

——早稲田実で夏悲願の優勝を達成された斎藤さんが番組に携わった年に、慶応が107年ぶりに優勝するというのも不思議な縁でした。

慶応は強かったですね。大学野球を見てるような気持ちになりました。型にはめられたプレー、野球じゃない。自分たちで発想を生み出して、自分たちでコミュニケーションをとっている。ベンチの中で、笑顔もすごくありました。すごく自由な野球。選手一人ひとりの個性を伸ばしてるなあと感じましたね。

——準決勝では慶応の2年生エース、小宅雅己（おやけまさき）投手のストライク先行に着目しました。

気持ちの強さもあるのでしょうが、やっぱり野球を楽しんでいるようにも感じたんです。まさにエンジョイベースボールというか。これは聞いたわけではないですけど、「打たれてもいいじゃん」「とにかくストライク投げ込んでこいよ」みたいな意図を感じたんです。彼の技術も当然あるでしょうが、やっぱり慶応義塾高校の雰囲気が、彼をそうさせたんだろうと思いました。

——一方では、連覇を狙う仙台育英がきちっと決勝に上がってきた。これまた勝手に、駒大苫小牧とダブらせてしまいました。

番組の最後にも話させていただきましたけど、やっぱり2年連続であの場所に立てるって、すごいことだと思います。強いだけではあそこに来られない。色んなプレッシャーを感じながら、それを乗り越えてきたものが絶対にある。当たり前のように決勝に来た彼らには、優勝以上の価値があると僕は思いました。去年は優勝投手として最後のマウンドに立っていた高橋（煌希）くんが、そこから大きく崩れることなく、むしろパワーアップして帰ってきた。湯田（統真）くんら他のピッチャーもバッターもそうです。須江（航）監督のケアもあると思いますが、本当にすごいことだと感じました。

——2006年の駒大苫小牧もしっかり勝ち上がってきました。

逆転勝ちや接戦ばかりで勝ち上がってきましたよね。決勝も僕たちと延長までいって、再試合まででした。こういうチームには強いだけじゃ勝てない。最後の気力とか、アルプスの後押しとか。そういうことが要素としてある。そのおかげで、僕たちは優勝できたんだなと改めて思いました。

——花巻東の佐々木麟太郎くんにも

取材しましたね。

　麟太郎くんはインタビューした時、すごく冷静に答えてくれて、大人びた選手だなと思ったんですよね。あの年齢で、自分の野球観をちゃんと持っている。野球選手って相手に左右されがちなんです。僕もそうでした。でも、麟太郎くんは「あまり関係ないです。自分のスイングをちゃんと持っていれば、結果として、ホームランにもなるし、ヒットにもなるし、打てない時もある」と割り切っていました。人としての大きさを感じました。そんな彼が最後はセカンドゴロで倒れた。あの悔しそうな顔が、逆にすごく思い出されるんです。もっとドライな感じなのかな。負けたらしょうがない、次に行こう。すぐ切り替えるのかなって正直思っていたんです。だけど、みんなと同じように悔しさを感じている。高校野球3年間にかけてきた思いは、それほど強いものなんですよね。この悔しさが麟太郎くんの野球人生に、きっとプラスになる。大きな財産になる。ベンチ前で泣いてる姿を見て、そう感じました。

――「熱闘甲子園」の先輩キャスターでもある栗山英樹さんとは大会第5日にご一緒されました。栗山さんからは「佑樹、頼むよ」と後を託すような思いも感じました。

　そうですよね。栗山監督からバトンを受け取ったと僕の口から言うことはできないんですけど……（笑）。でも、野球人の大先輩だし、「熱闘甲子園」の先輩なので、聞きたいことがたくさんありました。バックネット裏で一緒に試合を見させていただき、栗山監督の野球観を聞かせていただいたのは勉強になりました。リーグ戦とトーナメントは違いますが、WBCはトーナメントに近いじゃないですか。そういう目線で栗山監督の野球観を聞かせていただいたのは新鮮でしたし、本当にすごいなって思いました。僕は高校3年生の夏、栗山さんに取材していただきました。「報道ステーション」のキャスターとして来ていただいたのですが、そのご縁がプロ野球の監督と選手という立場で、またつながってくる。本当に人生、何があるかわからないですよね。もしかしたら、僕も取材した高校球児とまた出会うかもしれない。いつか、またどこかで、みんなとお会いできたらいいなと思っています。

プレイヤーとして感じた疑問なども、球児に率直にぶつけて学びを得た

――ご自身の中で、思いを新たにしたものや得られたものはありますか。

　あえてコンテンツと言いますけど、高校野球というコンテンツは日本において、すごく影響力があると思うんです。一生懸命プレーしている姿や最後まで諦めない姿勢を見ていると、絶対に感じるものがある。そういうマインドを中学、小学校の野球でも作れたらいいなって思ったんですよね。日本の高校野球は、アメリカとも違う。高校野球だけの文化があります。僕はいま、少年野球専用の野球場をつくることを夢として掲げています。少年野球の聖地となるような、みんながプレーしたいと思えるような野球場をつくることが、僕の大きな夢なんです。高校野球からヒントをいただき、その夢に向かって頑張っていきたいなと思いました。

――ところで、高校時代の「熱闘甲子園」は記憶にありますか。

　覚えています。長島三奈さんがキャスターとして、すごくフレンドリーに取材をしてくれました。やっぱり「熱闘甲子園」で取り上げてもらったから、今の僕があると思っています。「熱闘甲子園」には本当に感謝しています。感謝してるからこそ、この番組がよりパワーアップして、何十年、もっと言えば100年先まで、ずっと高校野球と一緒に続いてほしいと思っています。勝者だけでなく、敗者にもスポットライトを当てるからこそ、野球に詳しくない方にも野球の素晴らしさを伝えられるのだと感じます。その裏に「熱闘甲子園」の取材力やチームワークがあることを、皆さんに感じてもらえたら嬉しいです。

――番組スタッフが聞いたら、泣いちゃいますね。

　本当にそう思ったんです。僕は「熱闘甲子園」が終わった後、燃え尽き症候群みたいになりました。「熱闘」っていうぐらいなんで、僕たちも熱い思いでやらせていただきました。

スタジオでは取材で感じたことを実践してわかりやすく解説する場面も

NETTOH KOSHIEN

2023

〜第105回大会　48試合完全収録〜

慶応（神奈川）が107年ぶりに優勝！

1世紀を超えて王者に返り咲く。

夏の甲子園、全試合の白熱のダイジェストと、

その舞台裏を2枚のディスクにぎっしりと凝縮!!

声出し応援が復活した"聖地"で輝く選手たちが魅せた

105回目の夏を収録！

11.22（水）DVD RELEASE

6,600円（税抜価格 6,000円）　©ABCテレビ／テレビ朝日2023　発売元：ABCフロンティア／テレビ朝日　販売元：TCエンタテインメント

好評発売中の関連DVD作品はこちら！

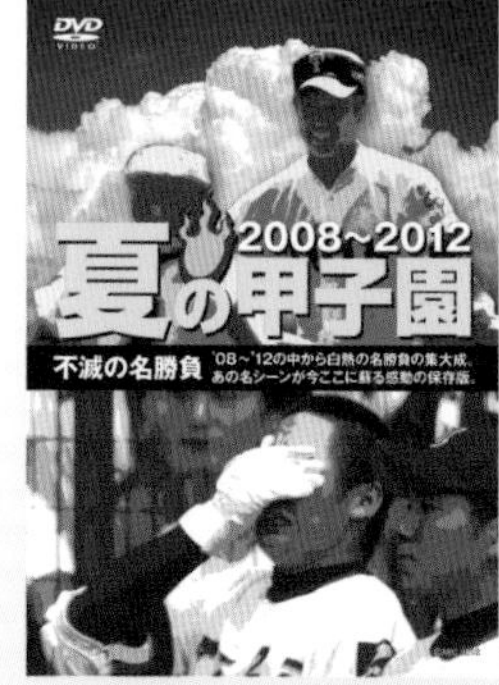

夏の甲子園
'08〜'12 不滅の名勝負
4,180円（税抜価格 3,800円）
©ABC　発売元：朝日放送

夏の甲子園
'13〜'19 不滅の名勝負
6,600円（税抜価格 6,000円）
©ABCテレビ　発売元：ABCフロンティア

2020高校野球
僕らの夏
6,600円（税抜価格 6,000円）
©ABCテレビ　発売元：ABCフロンティア

熱闘甲子園2022
〜第104回大会 48試合完全収録〜
6,600円（税抜価格 6,000円）
©ABCテレビ／テレビ朝日2022　発売元：ABCフロンティア／テレビ朝日

熱闘甲子園
NETTOH KOSHIEN

全試合プレイバック

Playback

～出場49校による全48試合の感動を再び～

汗と涙と泥にまみれた激情の14日間

観客の大声援が戻ってきた夏の甲子園。全国の激しい予選を勝ち抜いた出場49校の高校球児たちが全力を出し切って戦った熱きドラマをここでプレイバック!

第1日　第1試合　［1回戦］ 2023年8月6日(日)

土浦日大（茨城） 8-3 上田西（長野）

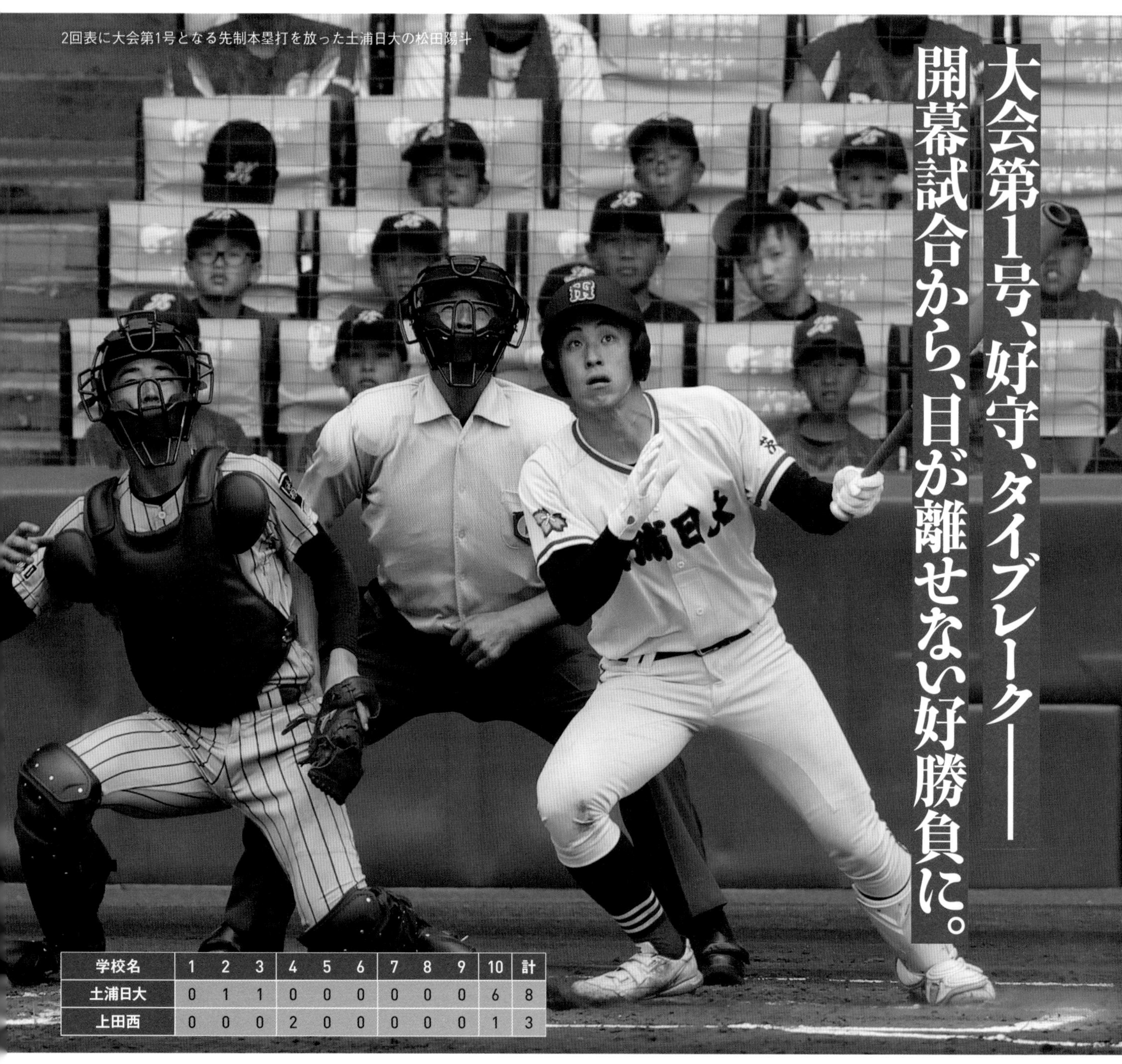

2回表に大会第1号となる先制本塁打を放った土浦日大の松田陽斗

大会第1号、好守、タイブレーク――開幕試合から、目が離せない好勝負に。

学校名	1	2	3	4	5	6	7	8	9	10	計
土浦日大	0	1	1	0	0	0	0	0	0	6	8
上田西	0	0	0	2	0	0	0	0	0	1	3

105回目の夏は、開幕試合から熱戦に

甲子園に響く声を力に、105回目の夏が始まった――。

土浦日大と上田西の開幕試合。最初に得点したのは土浦日大だった。

2回、5番の松田陽斗（はると）が高めのストレートをとらえ、バックスクリーン左へ大会第1号本塁打を放つ。ひと振りで先取点をもたらすと、3回にも2番・太刀川幸輝、3番・後藤陽人の連続安打に足をからめ、さらに1点を追加した。

しかし、相手は長野大会無失策の上田西。4回表、三塁手の片平結絆（ゆうな）がフェンス際のファウルフライを倒れながら好捕する。堅い守りが空気を変えていく。

上田西は直後の4回裏、四球で出塁した2番の黒岩大都がすかさず二塁盗塁を決めると、4番・小林遼太郎が右中間へ二塁打を放ち、まず1点。さらに好守を見せた片平がレフト前ヒットで続き、6番の木次志颯（しりゅう）がスクイズを決めて同点に追いついた。

2―2。ここから、両チームのしのぎ合いが続く。

上田西は6回、先発右腕の権田成也に代わって、背番号10の左腕・服部朔矢がマウンドへ。

土浦日大も8回のピンチで藤本士生から伊藤彩斗にスイッチして、相手に得点を許さない。

4回には、上田西の三塁手・片平結絆がフェンス際のファウルフライを好捕

夏跡 ON AIR
帽子のつばに書いた同じ言葉

堅守の上田西、3年生投手がチームを支えた。

先発したのはエースの権田成也。6回から服部朔矢がつなぎ、延長10回からは背番号11の滝沢一樹がマウンドを託された。

三塁側ベンチから甲子園のマウンドに向かう滝沢。送り出す権田が自分の帽子をとり、つばを上に向けて滝沢に見せた。

「きのう、帽子のつばに同じ言葉を書いたんで。それを見せて、絶対大丈夫。絶対勝てると言って送り出しました」

氣と笑顔——。

1日でも長くこの場所にいられるよう、そう書いた。

敗れはしたが、仲間とともに戦った開幕試合。

「ありがとうしかない。ずっとライバルでやっていきたいと思います」

滝沢は涙を拭いて前を向いた。

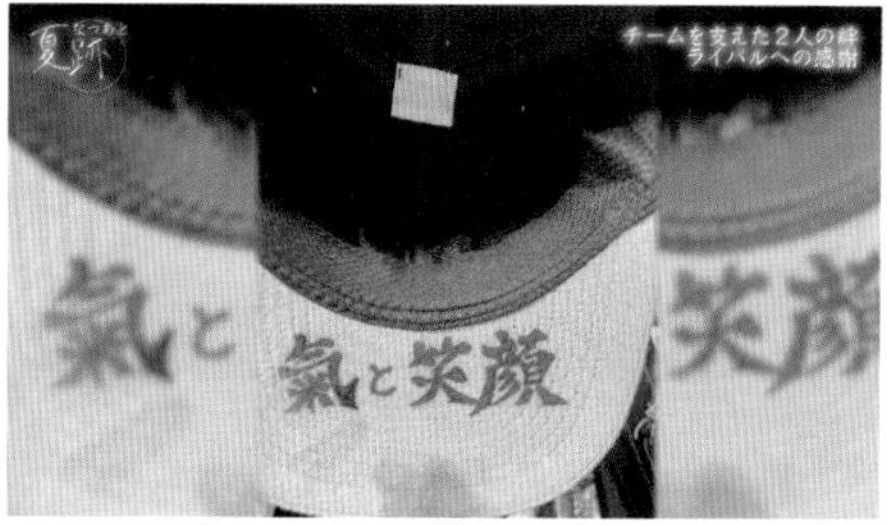

取材班MEMO

試合直後の取材で、権田くんが帽子のつばを滝沢くんに見せたことを教えてくれて、12台のカメラ映像を確認したら、その様子が写っていました。帽子と試合後の2人の写真を宿舎で撮影させていただき、今年最初の「夏跡」になりました。

（番組ディレクター＝張谷柊子）

9回、土浦日大が2死一塁と勝ち越しのチャンスをむかえる。右打席に2番の太刀川。

「お前が決めろ～！」

一塁側アルプス席から届く大声援。

すると、太刀川の打球が一、二塁間を破り、二塁ランナーの大井駿一郎が三塁を蹴った。

しかし、上田西のライト木次から矢のような返球が、捕手の岩下俊輔へダイレクトに届く。クロスプレー。乗金悟球審が、右こぶしを強く握りしめ宣言する。

「アウト！」

またも上田西の好守備。歓声とため息が甲子園球場に交錯する。

一進一退の好勝負となった開幕試合は、両者譲らぬまま9回を終え、無死一、二塁から攻撃が始まる延長タイブレークに突入した。

土浦日大は四球で1死満塁とし、代打の飯田将生が右打席へ。ファウル、ファウルで粘って9球目。高めの直球を振り切った。白球がレフトの前に落ちる。三塁から中本佳吾がかえって、ついに勝ち越す。

さらに7番・塚原歩生真からの5者連続安打でこの回、土浦日大が6点のリードを作った。

その裏、再び藤本がマウンドに戻り、上田西の反撃を1点に抑えてゲームセット。

歓喜の声をあげたのは土浦日大。

37年ぶりの校歌を、夏の甲子園に響かせた。

第1日　第2試合　［1回戦］ 2023年8月6日(日)

共栄学園（東東京） 3-9 聖光学院（福島）

観客の心を揺らす、全力のプレー！ 昨夏ベスト4の強豪に初出場校が挑んだ。

先発した茂呂潤乃介ら共栄学園投手陣を支え続けた捕手の菊池虎志朗

学校名	1	2	3	4	5	6	7	8	9	計
共栄学園	0	0	0	0	0	0	3	0	0	3
聖光学院	0	0	0	2	4	1	0	2	×	9

母の大きな声に支えられて聖光学院に挑んだ共栄学園

初出場の共栄学園。アルプススタンドで、ひときわ大きな声援を送ったのが4番捕手・菊池虎志朗の母・睦さん。小学1年生の時、父の諭さんが他界。それ以来、勇気づけてくれたのが母の大きな声だった。

「大きい声が出るこの体は応援するためのものだと思っている」と語る母を、息子は「太陽のように明るく元気で、たくましい存在です」と言う。東東京大会では本塁打を放ち、ホームランボールを母にプレゼントした。

甲子園でも、母の声が息子を勇気づける。7点を追う7回、3番・横田優生がヒットで出ると、菊池が死球でつないだ。代打・渡辺修のセンター前タイムリーで、甲子園に初得点を刻む。8番・早川飛翔も2点タイムリーを放ち、応援席を沸かせた。

しかし、昨夏ベスト4の聖光学院は強かった。16安打、9盗塁と硬軟自在な攻撃を展開し、4回に松尾学武のスクイズ（記録は安打）などで2点を先行する。さらに、5回には5安打を集中。一挙4点の猛攻で敵を突き放した。

それでも共栄学園も、強豪校を相手に10安打を記録。最後まで全力でプレーした。応援席からは「ありがとう」の声がとび、共栄学園の選手たちに球場全体から温かい拍手がおくられた。

第1日　第3試合　［1回戦］　2023年8月6日(日)

浦和学院（埼玉） 9-19 仙台育英（宮城）

大量リードを許すなか、7回には西田瞬らのタイムリーで反撃をみせた浦和学院

打撃力×打撃力――壮絶な打撃戦が聖地のスタンドを大いに沸かす！

学校名	1	2	3	4	5	6	7	8	9	計
浦和学院	0	0	0	4	0	0	5	0	0	9
仙台育英	4	0	5	0	1	5	0	4	×	19

両チーム合わせて37安打 昨夏の王者が打撃戦を制す

史上7校目の夏連覇へ。仙台育英がいきなり猛打をふるった。

1回、斎藤敏哉、鈴木拓斗の連続二塁打など5安打を集中して4点。3回には7番捕手の尾形樹人、8番投手の湯田統真がライトスタンドに2者連続本塁打を打ち込み9―0。序盤は王者の強さばかりが目立つ展開となった。

しかし、埼玉大会で全試合2ケタ安打を放った浦和学院も、攻撃力では負けていない。4回、喜屋武夢咲、西田瞬、三井雄心のクリーンアップによる3連続長短打が反撃の号砲となり、江口英寿の二塁打などで計4点をかえすと、7回には身長161センチの1番・小林聖周らが6安打し、5点を奪い返した。

終わってみれば、両チーム計28得点は大会史上4位タイ、計37安打は8位タイ。壮絶な打撃戦を制したのは仙台育英だった。

古田敦也EYE

仙台育英の勝因は5回表の継投。点差を詰められ、ピンチで相手の中軸打者を迎えた緊迫の場面でしたが、2番手として登板したエース・高橋煌稀くんが初球に最高のストレートを投げ込みました。この1球は仙台育英に流れを引き戻す、素晴らしい投球でした。

第2日　第1試合　［1回戦］ 2023年8月7日(月)

川之江 4-9 高知中央
（愛媛）　（高知）

3回裏に2点タイムリーを放つなど、存在感を示した高知中央の留学生・謝喬恩

学校名	1	2	3	4	5	6	7	8	9	計
川之江	0	0	1	0	0	0	3	0	0	4
高知中央	0	1	6	0	1	0	1	0	×	9

留学生が3安打4打点 初陣・高知中央が勝利

4強入りした2002年以来21年ぶりに出場した川之江と、春夏通じて初出場となる高知中央の四国対決は、高知中央が3回に一挙6得点をあげ、甲子園初勝利を飾った。

1―1に追いつかれた直後だった。高知中央は3回1死から、4番・越智大地の安打と3連続四死球で勝ち越し。さらに9番・辻昂希、1番・謝喬恩(シャチャオエン)、2番・鳴川北斗の3連続長短打で突き放した。

台湾から留学してきた2年生の謝は2回にも先制タイムリーを放っている。5回にはセンター越えの二塁打で8点目をたたき出した。憧れの甲子園で3安打4打点と大暴れした。

一方、川之江も3回に、エースで4番の山内太暉が2死満塁から押し出し四球を選んで同点とした。しかし、その裏に山内の制球が乱れ、大量失点を喫してしまう。それでも、7回には代打・川崎聖翔、2番・平石東志(とうじ)のタイムリーで3点をあげ、同じ四国勢として意地をみせた。

川之江の菅哲也監督は、自身が西条の選手として出場した1989年春以来の甲子園となった。宿舎でのラストミーティング。

「いいチームでした。もう試合することができないけど……本当にありがとう」と言葉をつまらせながら選手たちに感謝を伝えた。

夏跡
幼なじみ4人、約束の甲子園

川之江には4人の幼なじみがいる。3番ショートの真鍋颯（はやと）、4番エースの山内太暉と双子の弟、山内太智、そして応援団長の吉田利夏（りなつ）さん。小学校から同じ野球チームでプレーした3人を応援するため、高校では応援団長に立候補した利夏さん。彼女の声援を受けた3人は「甲子園に連れていく」という約束を果たし、大舞台でも最後まで全力プレーを続けた。

熱闘甲子園では地元に帰った利夏さんに、3人への手紙を書いてもらった。

＊

2年半の甲子園ライフお疲れ様。3人のことを“応援団長”として応援できて良かった‼　みんなそれぞれ輝いとったし、本当にカッコよかったよ‼　たくさんの感動をありがとう。甲子園で応援させてくれてありがとう。最高の夏をありがとう‼

高知中央の強力打線に対し、最後まで力投を続けた川之江エース・山内太暉

互いのプライドをかけた四国対決は 3回のビッグイニングが分岐点に!

第2日　第2試合　［1回戦］　2023年8月7日（月）

履正社（大阪） 6-0 鳥取商（鳥取）

4番の一発、3投手完封リレー 履正社が鳥取商に快勝！

鳥取商にはとっておきのムードメーカーがいる。背番号18の杉田結翔。恥ずかしがり屋のいじられキャラは三塁コーチと伝令役として、声で仲間を鼓舞する。愛称「ごんちゃん」。仲間たちは「チームを波に乗らせてくれる」「あの声を聞くだけで元気になれる」と口をそろえる。

4回目の出場で、悲願の甲子園初勝利へ。チーム一丸となって4年前の優勝校に挑んだ鳥取商だったが、激戦の大阪大会を勝ち抜いた履正社に投打とも圧倒されてしまった。

1回、エースの山根汰三がいきなり履正社打線につかまる。1番・西稜太のヒットから1死一、二塁とされ、右打席に4番の森田大翔。

3球目、内角への変化球を森田にとらえられる。打球は逆風をものともせず、レフトスタンドに飛び込んだ。豪快な先制3ランとなった。

履正社は7回にも5番・西田大志のライト線二塁打と6番・増田壮のタイムリーで3点を加える。投げては左腕の増田がチェンジアップを効果的に使って、7回まで4安打。8回は福田幸之介、9回は高木大希とつなぐ完封リレーで快勝した。

鳥取商も最後まで全力プレーを続けたが、甲子園初勝利は次の機会に持ち越された。選手たちは試合後、大声を出し続けた「ごんちゃん」にねぎらいと感謝の言葉をおくった。

斎藤佑樹EYE

履正社の増田くんは、投球テンポが素晴らしかった。捕手からボールを受けとるとすぐ投球態勢に入り、打者に考える時間を与えません。こういった投球は、全球種に自信がないとできません。このリズムが攻撃陣にもいい影響を与えていたと思います。

1回表、履正社の4番・森田大翔がいきなり先制の3点本塁打を放つ

4年前の優勝校、強豪・履正社に甲子園初勝利を目指す鳥取商が挑む。

学校名	1	2	3	4	5	6	7	8	9	計
履正社	3	0	0	0	0	0	3	0	0	6
鳥取商	0	0	0	0	0	0	0	0	0	0

第2日　第3試合　［1回戦］ 2023年8月7日(月)

英明（香川） 6-7 智弁学園（奈良）

延長10回裏、谷口志琉のサヨナラスクイズで山家拓人が生還し智弁学園が勝利

逆転、逆転、そして、また逆転――最後まで勝負が分からない好ゲーム。

学校名	1	2	3	4	5	6	7	8	9	10	計
英明	0	1	2	0	3	0	0	0	0	0	6
智弁学園	0	2	0	2	0	0	0	1	1	1×	7

互いに譲らぬ試合を決めた延長サヨナラスクイズ

一昨年準優勝の智弁学園と、春夏連続出場の英明。実力校同士の対決は一進一退の攻防となった。

2回、英明が9番・下村健太郎のセンター前タイムリーで先行すれば、智弁学園も5番・川原崎太一の右中間二塁打と8番・高良鷹二郎の犠牲フライで逆転する。

すると英明も3回、4番・寿賀弘都の三塁打などで2点を奪い再逆転。しかし智弁学園も負けじと4回、途中出場の西川煌太のタイムリーなどで、また試合をひっくり返した。

5回、英明が1番・鈴木昊の2点二塁打などで三度目のリードを奪うと、その後は左打者が5人いる智弁学園打線を、右の下村、左の寿賀を小刻みにつなぐ継投でかわしていく。これで、試合の流れはほぼ決まったかに思われた。

だが、その英明投手陣が8、9回に突如乱れ、暴投と押し出し四球で同点に追いつかれてしまった。

試合は今大会2度目の延長タイブレークに突入する。延長10回は、ともに4番打者から始まる好打順。英明は強行策に出たが成功せず、無得点に終わる。対する智弁学園は池下春道が送りバントを決めて1死二、三塁とし、最後は谷口志琉が投手前にサヨナラスクイズ（記録は安打）を決め接戦を制した。

第2日　第4試合　［1回戦］　2023年8月7日(月)

徳島商 2-1 愛工大名電

（徳島）　（愛知）

徳島商・エースの森煌誠は、9回111球を1人で投げきり完投勝利

好守が投手を支えるロースコアゲームは最終回まで気を抜けぬ緊迫した試合展開！

学校名	1	2	3	4	5	6	7	8	9	計
徳島商	0	0	2	0	0	0	0	0	0	2
愛工大名電	1	0	0	0	0	0	0	0	0	1

父の全力応援を力に変えて徳島商が守り合いを制す

徳島商の捕手・真鍋成憧(せいどう)には感謝の思いを伝えたい人がいる。

「小さいころから親父1人でやってくれてたので、感謝しかないです」

小学生時代から、男手ひとつで息子たちを育てている父親の卓(たかし)さん。そんな父が監督を務めるチームで、双子の兄・至憧(しどう)と一緒に小学1年生から野球を始めた。中学まで同じチームでプレーしたが、兄はライバル校の鳴門へ進学。この夏の徳島大会の決勝では、兄がエースを務める鳴門を破り、弟の成憧が夢の甲子園に出場を決めた。

徳島大会決勝を父の卓さんはバックネット裏の中央座席で観戦した。「全力で応援できてしんどいなあと思った」と笑う。甲子園では、アルプススタンドから全力で声援を送る。そして、父と兄の思いを胸に、真鍋も初めての聖地で躍動した。

試合は、徳島商は真鍋がリードする森煌誠(こうせい)、愛工大名電は笹尾日々喜(ひびき)が持ち味を発揮し、バックも互いに無失策。見ごたえのある守り合いを展開した。

先手を取ったのは愛工大名電。1回、2番・金森洸喜のセンター前安打などで2死一、三塁として、5番・加藤蒼惟(あおい)が一、二塁間に安打をはじき返し1点を先行する。

ただ、その打球を徳島商のライ

1回に先制タイムリーを放った愛工大名電の加藤蒼惟。しかし得点はこの1点のみ

取材班MEMO

真鍋兄弟が対決する徳島大会の決勝を取材し、バックネット裏で観戦する父の卓さんにお話を聞きました。敗れた兄を気遣い素直に喜べないご様子で、きっと甲子園で笑顔が輝くのは卓さんだと思い親子にスポットを当てることにしました。（番組ディレクター＝大谷亘輝）

夏跡
母の手紙をお守りにして

愛工大名電のエース・笹尾日々喜は、母・愛さんから愛知大会開幕直前にもらった手紙をお守りにして、ここまで戦ってきた。

「お母さんはヒビが名電のエースナンバーをいただけたこと、メチャクチャ誇りに思っているよ。厳しくして来たかいがあったな」「ただ、今のポジションで野球ができるのは自分1人の力ではない。今まで協力してくださったたくさんの方々への感謝を忘れずに！」などとつづられた母の手紙は、「ドキドキするな！　ワクワクして行け！　ヒビならできる‼」と、笹尾を鼓舞する温かい言葉で締めくくられている。

笹尾は試合後、「ずっとお母さんが見ていてくれていると思っていたので、試合中も心の支えになりました。愛工大名電で野球をやらせてくれてありがとうと伝えたい」と、母への感謝の気持ちを話していた。

ト・森口圭太が好返球。一塁走者の三塁進塁を止め、愛工大名電のチャンスがさらに広がるのを阻止した。

すると、徳島商は3回、1番・高木大地がライト前安打で出塁すると、すかさず2塁盗塁を決めた。3番・森口もライト前安打で続き1死一、三塁とチャンスを作る。その後、2死になるも一塁走者の森口が盗塁し二、三塁とすると、5番・下川鏡が高めの直球をしぶとくライト前に落とした。このタイムリーで2人が生還し、2—1と逆転に成功した。

1点をリードした徳島商は、4回の守りで先頭打者の出塁を許すも、捕手の真鍋が素晴らしい送球で二塁盗塁を阻止し、ピンチの芽を摘む。真鍋はリードでも、徳島大会から1人で投げてきたエース・森を引っ張った。ストレートに頼らず、打者の手元で沈む変化球、スプリットを効果的に使う。2回以降は相手を3安打に封じ、徳島商に、12年ぶりとなる甲子園勝利をもたらした。

最後の打者を打ち取ると、右腕を高々とあげ、森とグータッチをかわした真鍋。

「ここまで来られたのはお父さんのおかげやと思っている。最後まで笑顔で、全力で終わりたい」と次戦を見据えた。

愛工大名電も笹尾が粘り強く投げ、8回途中からは左腕の大泉塁翔（るいが）にスイッチ。バックも堅守で支えたが、1点差に涙をのんだ。

第3日　第1試合　［1回戦］ 2023年8月8日(火)

宇部鴻城（山口） 1-4 花巻東（岩手）

大注目！ 佐々木麟太郎が登場――夢の舞台での本塁打は、果たして⁉

学校名	1	2	3	4	5	6	7	8	9	計
宇部鴻城	0	0	0	0	0	0	0	0	1	1
花巻東	0	0	0	3	1	0	0	0	×	4

5回表、宇部鴻城から併殺を奪った花巻東。一塁手の佐々木麟太郎もガッツポーズ

怪物の活躍で花巻東が勝利 宇部鴻城も大声野球を貫く

〝みちのくの怪物〟が最後の夏に聖地へ帰ってきた。花巻東の佐々木麟太郎。歴代最多の高校通算140本塁打を誇る主砲は、本塁打数に注目が集まる一方で、大切にしている言葉がある。

貢献こそ活躍――。

「個人的なバッティングにならないように、チームプレーこそ自分のあるべき姿だと思います」

佐々木は1回、三遊間に甲子園初ヒットを放つと、4回には低めの変化球をレフト前に流し先制タイムリー。さらに、7回には三塁左への内野安打。すべて流し打ちの3打数3安打で、勝利に貢献した。

〝大声野球〟を掲げる宇部鴻城も、最後まで元気いっぱいプレー。誰よりも声を出し続けた主将の大川快龍（かいり）は、9回に臨時代走で出場すると、唯一の得点でホームに生還。「全員に踏ませてもらったホームベースだと思っている」と仲間に感謝した。

斎藤佑樹EYE

花巻東・佐々木麟太郎選手のバッティング技術が光りました。長打を警戒されて内角攻めを受けながら、そのボールをレフト方向にヒット。宇部鴻城バッテリーは厳しいコースに投げていましたが、手首を返さずに打ち返しました。これは高い技術が必要です。

第3日　第2試合　［1回戦］　2023年8月8日（火）

クラーク国際（北北海道） 7-1 前橋商（群馬）

8回表に鈴木凰介のタイムリーなどで5得点し、リードを広げたクラーク国際

クラーク国際が甲子園初勝利 前橋商エースも恩返しの粘投

クラーク国際の5番・麻原草太は、控え部員である坂本劣陽（れお）の金色バットで打席に立つ。

本来は中軸を打つ坂本だが、春の選抜大会直前に肩を脱臼し、5月には練習中に右脚を骨折してしまった。それでも最後まで諦めずに努力する親友の姿を見て、バットを借りることにしたという。

坂本の分も……という思いで初戦に挑んだクラーク国際。1点リードの8回、高木馴平（しゅんぺい）の二塁内野安打、鈴木凰介の二塁打などで一挙5点を奪い大勢を決めた。

投げては、右腕の新岡歩輝が1失点の完投。クラーク国際を、甲子園初勝利へと導いた。

前橋商の坂部羽汰（うた）も、自慢のスライダーを低めに集め、7回まで4安打2失点と粘投。エースは昨年、肺気胸と診断され、手術のために一時チームを離れた。入院中、仲間からは動画メッセージなどが送られ、それを支えにして復活を誓った。

「自分が一番つらい時に声をかけてくれた。最高の仲間を持ったと思います」

感謝の気持ちを胸に上がった甲子園のマウンド。試合には負けてしまったが、病を克服したエースは、懸命に右腕を振り続けた。恩返しの全力投球を披露し、「最高のピッチングができました」と胸を張った。

学校名	1	2	3	4	5	6	7	8	9	計
クラーク国際	0	0	1	0	0	0	1	5	0	7
前橋商	0	0	1	0	0	0	0	0	0	1

夢の甲子園で、仲間のために闘う――
それぞれのドラマを乗り越え、勝利へ。

第3日　第3試合　［1回戦］ 2023年8月8日(火)

日大山形（山形） 2 - 9 おかやま山陽（岡山）

実績ある日大山形が先制するも 中盤におかやま山陽打線が爆発！

学校名	1	2	3	4	5	6	7	8	9	計
日大山形	1	1	0	0	0	0	0	0	0	2
おかやま山陽	0	0	0	3	0	5	0	1	×	9

4回裏、悪送球の間に同点のホームを奪ったおかやま山陽の山崎徠夢

創立100年の3度目の正直 おかやま山陽が笑顔の初勝利

おかやま山陽には66カ条の部訓がある。中でも、渡辺颯人主将が大切にしているのは部訓第14条だ。

〝甲子園を愛しているのではなく、野球を愛している〟

そんな部訓を胸に、出場3回目にして甲子園初勝利を目指すおかやま山陽が、春夏通算17勝の実績を持つ、日大山形に挑んだ。

おかやま山陽は2点を追う4回、代打の焔硝岩央輔がレフト前安打で突破口を開くと、4番・土井研照の右中間二塁打などで一挙3点を奪って逆転。6回には、打者9人の猛攻でさらに5得点を追加。投げては3投手の継投で日大山形の反撃をかわし、学校創立100年の年に、悲願の甲子園初勝利をあげた。

敗れたものの、日大山形のエース・菅井颯は、佐々木朗希選手（ロッテ）を意識した、右足を頭の高さ付近まで上げる投球フォームで聖地を沸かせた。憧れの人に少しでも近づきたいと、毎日ストレッチをして柔軟性を強化し、昨秋からこの投球フォームでの投球を続けてきた。

すると、下半身を使って投げる感覚が芽生え、最速136キロだった球速が11キロもアップ。この試合でも、身長184センチから投げ下ろすストレートを武器に、3回まで毎回三振を奪う好投を見せた。

第3日　第4試合　［1回戦］　2023年8月8日（火）

大垣日大（岐阜） 7-2 近江（滋賀）

名将・阪口監督率いる大垣日大と昨夏ベスト4の強豪・近江が激突。

学校名	1	2	3	4	5	6	7	8	9	計
大垣日大	0	1	3	0	0	0	3	0	0	7
近江	0	0	0	0	0	2	0	0	0	2

近江は、6回裏に5番の山田修斗が2点本塁打を放つも、以降は追加点が出ず

監督に甲子園通算40勝を！大垣日大が、采配に応え躍動

春夏連続出場の大垣日大を率いるのは阪口慶三監督、79歳。日比野翔太主将は「何事に対しても魂を持ってやってくださる監督なので、ぼくにとっては憧れの存在です」と語り、エースの山田渓太は「何とか自分たちの代で甲子園通算40勝をプレゼントしたい」と必勝を誓う。

2回、その大垣日大が山内伊織のタイムリーで1点先行すると、3回には日比野の3バントスクイズなどで計3点を追加。ベテラン監督ならではの采配で相手を突き放した。

5回には、近江の1番・清谷大輔の大飛球を、ライトの山口直次郎が横っ飛びで好捕。大垣日大の選手が攻守にわたって躍動し、阪口監督に記念の勝利をプレゼントした。

近江にとって最後の攻撃となった9回、主将の横田悟はベンチから仲間たちに声援を送った。

1年夏の甲子園で全5試合に8番ショートで先発出場し、ベスト4入りに貢献。昨年も中心選手として、春は準優勝、夏はベスト4に。甲子園で通算16試合目、その最後の1イニング。「いつも支えてくれた仲間たちが、一生懸命、楽しそうに野球をしていた。頑張ってきてよかった」と思えた。「甲子園は何回来ても、野球を心から楽しめる場所でした」。横田は試合後、笑顔で語った。

第4日　第1試合　［1回戦］ 2023年8月9日（水）

富山商（富山） 2-3 鳥栖工（佐賀）

弟・松延響に声をかける兄・松延晶音の鳥栖工兄弟バッテリー

延長12回まで勝敗決まらぬ大激戦。互いの堅い守りを破ったのは……!?

学校名	1	2	3	4	5	6	7	8	9	10	11	12	計
富山商	0	1	0	0	0	0	0	0	0	0	1	0	2
鳥栖工	0	0	1	0	0	0	0	0	0	0	1	1×	3

夢の舞台、甲子園に挑んだ鳥栖工の兄弟バッテリー

　春夏通じて甲子園初出場の鳥栖工は、3年生捕手・松延晶音（あきと）と、1年生投手・松延響（ひびき）の兄弟バッテリー。小さいころから仲が良く、喧嘩もほとんどなかったという2人。弟の響は兄とバッテリーを組みたいと、鳥栖工に進学したのだという。

「甲子園でも熱く堂々とやっていきたい」と語る弟に対し、兄は「自分は冷静に」とバランスをとる。

　迎えた1回戦、鳥栖工は古沢蓮、富山商は上田海翔（かいと）の両エースの先発で始まった。富山商は2回、右中間三塁打で出塁した4番・福田敦士が、6番・鶴田尚冴の内野ゴロの間に返って1点先制。鳥栖工も3回、レフト前ヒットの藤田陽斗を1番・鐘ケ江瑠斗がセンター前タイムリーで返し、1―1で5回を終えた。

　そして6回、ついに鳥栖工は松延兄弟の弟・響がマウンドに上がる。いきなり相手に四球を与えてしまい出塁を許すと、富山商はヒット・エンド・ランを仕掛け、1年生投手を揺さぶった。

　このピンチを救ったのは、バッテリーを組む兄・晶音。弟・響が力強いストレートで相手のバットに空を切らせると、そのボールを素早く二塁に送球し、走者もアウト。兄弟バッテリーによって、いわゆる三振ゲッツーを成立させたのだ。

延長11回裏、富山商・秋田幹太がライトフライを好捕し追加点を阻止

夏跡 ON AIR
最後まで貫いた「富商野球」

富山大会を無失策で勝ち上がった富山商。エースで主将の上田海翔を中心に、守り勝つ野球を甲子園でも貫いた。

この試合、上田が奪った三振は3つだけ。バックを信じて打たせる野球で、バックもその信頼に応えた。

7回、詰まらせた打球が二塁ベースの手前で弾んだ。まわり込んだ二塁手の白木球二が逆シングルで捕球すると、そのまま遊撃手の竹田哩久へグラブトス。ボールを託された竹田はくるりと体を1回転させ、一塁へストライク送球。華麗な守備のコンビプレーには、聖地のファンも沸いた。

11回、サヨナラのピンチを救ったのも、途中出場の右翼手・秋田幹太のダイビングキャッチだった。

そして12回、この夏初めての失策で勝利を逃してしまったが、最後まで「富商野球」を貫いた選手たち。161球を投げた抜いた上田は、敗退の瞬間こそ号泣したが、宿舎に帰り「疲労はないです」と仲間たちに笑顔を見せた。

鳥栖工が得意の継投を成功させれば、富山商も先発の上田が4回以降を2安打に抑える好投。試合は1—1のまま、延長タイブレークに。

無死一、二塁から始まるタイブレークを、10回は両校ともにしのぐ。すると11回、鳥栖工の兄弟バッテリーにミスが出る。高めに浮いた弟のストレートを、兄のミットが押さえられず、パスボールで勝ち越し点を許してしまった。

しかし、鳥栖工もその裏に粘りを見せる。3番・高陽章（たかひ）の犠牲フライで追いつくと、4番の松延晶音は申告故意四球で、なおも2死一、二塁。そして、5番・戸塚簾の打球が、ライトの頭上に伸びた。

誰もがサヨナラかと思った瞬間、背走した富山商の秋田幹太が、ジャンプしながら左腕を目いっぱい伸ばし、その打球を好捕する大ファインプレー。試合はまだ終わらない。

12回、鳥栖工は危なげなく3アウトを取り、スコアボードに0を刻んだ。その裏の攻撃、先頭打者の6番・林航海（わたる）が絶妙な送りバントを三塁線上に転がした。

富山商・上田がマウンドを駆け下り、ボールを拾い上げ一塁へ。しかし送球が少し低かった。ボールがこぼれ落ちる間に二塁走者が一気にホームに生還する。

劇的なサヨナラで、鳥栖工が甲子園初勝利。兄弟バッテリーの夏は、まだ終わらない。

第4日　第2試合　［1回戦］　2023年8月9日（水）

社（兵庫）	0-3	日大三（西東京）

注目のエース、日大三の安田虎太郎に地元の声援を力にし、兵庫代表・社が挑む

今大会初完封でガッツポーズする日大三のエース・安田虎太郎

学校名	1	2	3	4	5	6	7	8	9	計
社	0	0	0	0	0	0	0	0	0	0
日大三	0	0	1	0	1	0	1	0	×	3

船で鍛えた強靭（きょうじん）な足腰で日大三エースが今大会初完封

日大三のエース・安田虎太郎（こたろう）は、西東京大会6試合のうち、5試合を投げて4完投。抜群のスタミナの源は、祖父との伊勢エビ漁だ。

「小さいころから（祖父の）船に乗って作業していたので、足腰は鍛えられました」

千葉県鴨川市出身。現在は寮生活だが、実家に戻ったら朝4時起きで船に乗り、伊勢エビ漁師の祖父の正二さん（75）を手伝う。

そんなおじいちゃん子の安田が頑張る姿が、正二さんの元気の源にもなっている。

「僕の野球を見ていたら、『俺も頑張んなきゃな』と思ってくれたようで、最近は『（伊勢エビ漁を）死ぬまでやる』と言っています」

おじいちゃんに恩返しの夏――。

日大三・安田の立ち上がり。決め球のチェンジアップがさえわたる。3回まで先頭打者をすべて三振に仕留め、社を三者凡退に抑えた。

すると3回、自ら先頭打者でライト前ヒットを放ち、送りバントで二塁に進む。3番・二宮士（まもる）がセンターのフェンスを直撃する二塁打を打ち、安田が先制のホームを踏んだ。

さらに、日大三は5回にも左中間二塁打の8番・森山太陽を2番・池内仁海（まさうみ）の犠牲フライで返し、2―0としリードを広げる。

敗戦に涙しながら、試合終了のあいさつに向かう社ナイン

斎藤佑樹EYE

日大三の安田くんはチェンジアップが決め球ですが、ストレートにも魅力を感じました。上半身を一塁側に倒しながら右腕を真上から振り下ろすためボールの回転軸が縦になり、打者はホップするように感じるので、空振りやフライが多くなる。この試合も13個のアウトをフライでとりました。

夏跡 ON AIR

後輩が引っ張る年の差バッテリー

社の西垣琉空は、右打席に向かう途中で試合終了の瞬間を迎えた。その場にうずくまった2年生捕手の背中をたたいて、試合終了のあいさつへ誘ったのは、バッテリーを組む3年生のエース、高橋大和だった。

2人は、年の差バッテリーとして甲子園に戻ってきた。春は8回5失点だった高橋だが、強打の日大三を7回途中まで3失点に抑え、成長の跡を記した。その投球を支えたのが後輩の西垣。先頭打者の出塁を許した4回には、その強肩で二塁盗塁を阻止し、高橋の投球を支えた。

「後輩なんですけど、リードも心強く、頼りになるキャッチャー。リーダーシップを持ってやってくれる子なんで、引っ張ってくれてありがとうと言いたいです」

感謝を口にした先輩エースに、後輩捕手はこう応えた。

「先輩たちが晴らせなかった悔しさをしっかり晴らせるように、頑張っていきたいと思います」

安田が最大のピンチを招いたのは7回。社の3番・水谷俊哉に四球を与え、この試合初めて先頭打者の出塁を許す。送りバントで1死二塁。次打者をセンターフライに打ち取ったが、前の打席でレフト前ヒットを打たれている6番・年綱皓を左打席に迎えた。

地元・社のアルプススタンドが応援のボルテージを上げる。

負けじと、安田が右腕を振る。得意のチェンジアップを続けるが、年綱もしぶとく食らいつき、ファウルが4球。それでも自分を信じ、決め球のチェンジアップを投じた94球目。外角に制球されたそのボールが、年綱のバットに空を切らせた。

ピンチを脱した日大三はその裏、2死から池内、二宮の2、3番の連打で相手のミスを誘って3点目を安田にプレゼントした。

被安打2で9回を投げ切り、今大会完封一番乗りを果たした安田。その雄姿を正二さんはスタンドから、涙ながらに見届けた。

日大三の勝利は2018年以来5年ぶり。甲子園通算37勝の小倉全由前監督に代わり、今春から指揮をとる三木有造監督にとって、うれしい聖地での初勝利となった。

一方の社は、3季連続での出場だったが、昨年に続く初戦突破はならず。先発の高橋大和が粘り強い投球を見せたが、安田の好投に対し反撃の糸口を見つけられなかった。

市和歌山 5-4 東京学館新潟

市和歌山（和歌山）　5-4　東京学館新潟（新潟）

初出場初勝利を目指す東京学館新潟に立ちはだかるは、近畿の強豪・市和歌山

市和歌山が初戦を突破　東京学館新潟はあと一歩

春夏通算14回目の出場となった市和歌山は3回、大路隼平のタイムリーと玉置大翔、熊本和真の長短打で4点を勝ち越す。

甲子園初出場の東京学館新潟も、6回、八幡康生の犠牲フライと遠藤蒼太のタイムリーで2点差に迫り、粘りの野球を見せる。

9回、東京学館新潟は2死一、二塁から代打・芳賀敬太の三塁ゴロが相手の悪送球を誘い、二塁走者が生還して1点差に。なおも、二、三塁。ヒットが出れば、逆転サヨナラというチャンスを作るも、最後はファウルフライが捕手のミットに吸い込まれた。

試合終了のあいさつ。東京学館新潟の八幡主将は笑顔で、相手主将と互いの健闘を称えあった。

組み合わせ抽選会でも、とびっきりの笑顔を披露した八幡。彼の笑顔の源は、祖母・好子さんが作るかつ丼。甲子園に出発する朝も、おばあちゃんのかつ丼でゲン担ぎをした。

甲子園という夢をかなえた孫の笑顔を見ようと、好子さんは新潟から車で10時間かけて応援に。おばあちゃんが見守る中、笑顔でプレーし続けた八幡だったが、勝利できず、最後には涙があふれ出した。

「こうちゃん、泣かなくていいよ！頑張ったんだっけ」とねぎらう祖母に、八幡は電話で感謝を伝えた。

1回裏、試合を降り出しに戻す同点タイムリーを放った東京学館新潟の遠藤蒼太

学校名	1	2	3	4	5	6	7	8	9	計
市和歌山	1	0	4	0	0	0	0	0	0	5
東京学館新潟	1	0	0	0	0	2	0	0	1	4

第4日　第4試合　［1回戦］ 2023年8月9日（水）

神村学園（鹿児島） 10-2 立命館宇治（京都）

鹿児島・神村学園の猛打を 立命館宇治は抑えられるか!?

取材班MEMO

いつも泥んこでプレーする今岡くんを、KKB鹿児島放送を代表して一押ししましたが、この試合は3回までユニホームが真っ白なままで焦りました。三塁打を打ってヘッドスライディングした時は、スタッフも大いに沸きました。
（番組ディレクター＝福田大二朗）

学校名	1	2	3	4	5	6	7	8	9	計
神村学園	1	1	0	2	0	2	0	3	1	10
立命館宇治	0	0	0	0	0	1	0	0	1	2

神村学園の主将・今岡歩夢は6回表に2点本塁打を放ち勝利を呼び込む

神村学園が18安打10得点 泥んこキャプテンが大活躍

鹿児島大会決勝で、延長10回タイブレークの末に4年ぶり6回目の甲子園出場を決めた神村学園。「自分が一番泥だらけになって、絶対に甲子園に行くんだという気持ちで戦いました」と語った主将の今岡歩夢は、その顔まで泥まみれだった。

もちろん、甲子園でもその流儀は変わらない。

神村学園は2点リードで迎えた4回、松永優斗のタイムリーで3点目をあげ、なお2死一塁。ここで1番の今岡が左中間を深々と破る。一気に三塁へ走り、ここぞとばかりにヘッドスライディングだ。

泥臭く、それが勝利への近道と信じてきた。誰よりも泥んこになるのが、俺の流儀――。

6回には、今岡が立命館宇治の長身2年生エース・十川奨己の変化球をバックスクリーンに打ち込む2点本塁打。今度は真っ黒なユニホームでベースを一周した。

3安打4打点の泥んこキャプテンに引っ張られ、神村学園は18安打10得点で初戦を快勝。

敗れた立命館宇治は、6回に井上将徳、北川陸翔の二塁打、9回には代打で出た市村佑樹の三塁打で合計2得点をあげて意地を見せた。

栗山英樹×斎藤佑樹

「熱闘甲子園」と縁が深い師弟の絆を紐解く

師から愛弟子へ——バトンは受け継がれる

プロで再会する2人の出会いは、〝伝説〟となった2006年夏

師弟にとって、感慨深い1日になった。栗山英樹さんと斎藤佑樹さんが、「熱闘甲子園」のスタジオで並び立つ——。

2023年8月10日、大会5日目の夜だった。

侍ジャパンの監督として春先のWBC（ワールド・ベースボール・クラシック）優勝を成し遂げ、5年ぶりに番組に出演した栗山さん。その冒頭、とっておきのエピソードを紹介した。

「ぼくが高校野球で初めて取材したのが、実は斎藤佑樹選手だったんですよ」

斎藤さんが甲子園で伝説となった2006年夏。高校日本代表チームのメンバーに選出され、米国遠征に向けて練習していた斎藤さんを、当時スポーツキャスターだった栗山さんがインタビューしたのだ。

「佑樹、変わんないね」

「監督も変わんないですよ」

当時の映像を見ながら、2人は懐かしんだ。

栗山さんは斎藤さんと出会った3年後の2009年から、「熱闘甲子園」のキャスターになった。高校球児の夏に3年間密着したのち、20

12年にプロ野球・北海道日本ハムファイターズの監督に就任した。

その間、斎藤さんは早稲田実から早稲田大学に進学し、東京六大学野球リーグで史上6人目となる通算30勝300奪三振（31勝、323奪三振）を達成。ドラフト会議で4球団競合の末、2011年に日本ハムに入団していた。

新監督となった栗山さんは、入団2年目の斎藤さんを開幕投手に指名する。斎藤さんはプロ初の完投勝利をあげ、栗山さんの期待にこたえた。勢いづいた日本ハムは好調を持続し、リーグ優勝を果たした。

「斎藤佑樹という投手は、仲間にも、球場にやってくるお客さんにも、影響を与えられる投手なんです。佑樹が勝つと、チームもお客さんも盛り上がる。これは選ばれた選手にしかない特別なものです」

栗山さんは語っていた。

結果的に2人は同じユニホームを10年間着て、2021年シーズンを最後に、一緒にそのユニホームを脱いだ。

その後、栗山さんは監督として侍ジャパンを世界一に導き、現役を引退した斎藤さんは今年から「熱闘甲子園」のキャスターに就任した。

「近年の甲子園でも、松坂大輔と斎藤佑樹は別格な存在だと思うんですよ」と栗山さんは常々、語っている。だから、斎藤さんがどのような人生を送るか、その姿勢が野球の未来につながると信じている。

Yuki SAITOH × Hideki KURIYAMA

かつての自分と同じ「熱闘甲子園」のキャスターとなり、高校球児に寄り添う姿に接し、栗山さんは嬉しくてたまらない様子だった。旧知のスタッフを捕まえては、「佑樹のこと、よろしくね」と声をかける。

一方の斎藤さんにとっても、この日は大切な1日となった。

「栗山監督から、すごく大事なアドバイスをいただきました」

番組は生放送で行われる。間違えちゃいけないと思って、どうしても硬くなる。硬くなると、自分が伝えたいことが、思いとして伝わりづらくなってしまう。

そんなことを感じていた斎藤さんに、栗山さんは言った。

「おれが熱闘甲子園のキャスターだった時は、間違ってもいいと考えたよ。間違うことで必死さっていうのが、すごく伝わるもんだよ」

あっ、間違ってもいいんだ。もちろん間違ってはいけないんだけど、必死さがもし伝わるのであれば、確かにそうなんだろうな。

その言葉を聞いた瞬間、斎藤さんは気持ちがすごく楽になったという。

「熱闘甲子園キャスターの先輩としてやってきたからこそ、言える意見だったと思います。選手の思いを伝えるという自分の役割を考えても、彼らの必死さとか、選手と同じような気持ちでいることがすごく大事なんだと、改めて思い直すことができました」

栗山さんの金言にも支えられ、斎藤さんは初挑戦の「熱闘甲子園」キャスターを務めあげた。

2人が共演した番組のエンディング、栗山さんは「高校生の時に取材で会って、一緒に野球をして、そして今日こうして番組で共演させてもらって」と感慨深そうに語り、「頼むよ、佑樹！」と斎藤さんの背中を軽くたたいた。

野球界の未来へ、バトンを託し、託された1日になった。

第88回全国高校野球選手権大会（2006年）

夏3連覇を狙う駒大苫小牧（南北海道）と、悲願の初制覇を目指す伝統校の早稲田実（西東京）が決勝に進出。駒大苫小牧・田中将大と早稲田実・斎藤佑樹の両エースによる投げ合いは互いに一歩も譲らず、1－1のまま、延長15回規定により引き分けとなった。決勝の引き分け再試合は37年ぶり2度目。翌日の再試合は4－3で早稲田実が勝ち、駒大苫小牧の3連覇を阻止した。

春夏連覇を狙った横浜（神奈川）は1回戦で、2年生4番の中田翔を擁する大阪桐蔭に打ち負けた。その大阪桐蔭は2回戦で早稲田実に完敗。中田は斎藤から3三振を喫した。準々決勝の智弁和歌山－帝京（東東京）は帝京が9回に8点を奪って逆転するも、智弁和歌山がその裏に5点をあげてサヨナラ勝ち。13－12という大会史に残る壮絶な打撃戦となった。

2006年夏の甲子園 早稲田実業の軌跡

1回戦	VS 鶴崎工	13-1
2回戦	VS 大阪桐蔭	11-2
3回戦	VS 福井商	7-1
準々決勝	VS 日大山形	5-2
準決勝	VS 鹿児島工	5-0
決勝	VS 駒大苫小牧	1-1
決勝（再試合）	VS 駒大苫小牧	4-3

第5日　第1試合　［1回戦］ 2023年8月10日（木）

東海大熊本星翔（熊本） 2-5 浜松開誠館（静岡）

甲子園での初勝利を目指す両校——好機をものにして、次に進んだのは!?

強打者擁する東海大星翔に浜松開誠館が逆転2ラン

出場3回目で初勝利を目指す東海大熊本星翔には、高校通算39本塁打を誇る強打の1番バッター、百崎蒼生がいる。実は2年生の5月にやってきた転校生だ。

熊本県北部の菊池市出身。高いレベルで自分を磨こうと、東海大相模（神奈川）に進学したが、環境になじめず地元に戻った。野球をやめることも頭をよぎったというが、同じ東海大系列の地元校で再出発することに。ただし、日本高校野球連盟の規定により、公式戦には1年間出場することができなかった。

だから、この夏が、新しい仲間と野球ができる最初で最後の夏となった。

「野球をやれているのは新しい仲間のおかげ。一緒に楽しみながら甲子園でも勝ちにいきたい」

1回、その百崎の二塁打を皮切りに東海大熊本星翔が1点を先行。2回にも加点し、リードを広げた。

だが、春夏通じて初出場の浜松開誠館も負けていない。3回に1点返すと、5回には4番・新妻恭介がレフトスタンドに逆転2ランを放つ。

東海大熊本星翔は6回、好機で百崎がレフト前ヒットを放ったが、広崎漣の好返球で本塁タッチアウト。その後は浜松開誠館の継投に見事にかわされ、最後まで逆転することはかなわなかった。

学校名	1	2	3	4	5	6	7	8	9	計
東海大熊本星翔	1	1	0	0	0	0	0	0	0	2
浜松開誠館	0	0	1	0	2	0	0	2	×	5

1回表、先頭打者として二塁打を放った東海大熊本星翔の百崎蒼生

第5日　第3試合　［2回戦］ 2023年8月10日(木)

星稜(石川) 3-6 創成館(長崎)

準優勝2回の経験を持つ名門・星稜と長崎の強豪・創成館との実力校対決!

巧みな投球で星稜打線を翻弄した、創成館先発の福盛大和

序盤に大量6点をリードした創成館が逃げ切り勝利

まず先行したのは創成館。1回に2点を先行すると、2回は4番・永本翔規のライト前タイムリーなどで一挙4点を奪って、序盤に6得点をあげ星稜を大きく突き放す。

創成館は、先発の福盛大和が、球速90キロ台のスローカーブを武器に、4回まで3安打無失点。5回からは村田昊徽（ごうき）、7回からは永本と継投し、序盤のリードを最後まで守りきった。

1995年、2019年に準優勝した星稜も、最後に名門の意地を見せる。9回、4番・近藤真亜久（まあく）が三塁打で出塁すると、続く武内涼太が左中間スタンドに2点本塁打を放ち3点差に。

これまで幾度となく逆転劇を演じてきた星稜。7番・萩颯太が二塁打を放ち、スタンドのボルテージがさらに上がったが、後続が続かず反撃もここまで。名門・星稜はここで敗退となった。

星稜の服部翔（かける）主将が率いたのはチームだけではない。2歳下の次男・航（わたる）は1年生ながら背番号20を背負いベンチ入り、三男の成（なる）も星稜中の1年生。3兄弟が星稜野球部に所属する、有名兄弟の長男なのだ。

「兄弟では自分が最初に甲子園でプレーするので、楽しいところだというところを見せたい」

そう語った長男・翔の雄姿は、夢と共に弟たちに引き継がれた。

学校名	1	2	3	4	5	6	7	8	9	計
星稜	0	0	0	0	0	1	0	0	2	3
創成館	2	4	0	0	0	0	0	0	×	6

第5日　第2試合　［1回戦］　2023年8月10日(木)

明豊 8-9 北海

（大分）　（南北海道）

強力打線の明豊が試合を先行するも 北海が土壇場で追いつく大熱戦！

学校名	1	2	3	4	5	6	7	8	9	10	計
明豊	0	0	1	0	2	0	4	0	0	1	8
北海	0	0	0	2	0	1	2	0	2	2×	9

延長10回裏、劇的サヨナラタイムリーで生還した北海の長内陽大

負けられない明豊に北の強者が食い下がる

大分の明豊には、負けられない理由がある。

昨年8月の練習試合中、不慮の事故で昏睡状態となった吉川孝成くん。2カ月半の間、明豊の部員たちは復活を信じ毎日メッセージを届けたが、惜しくも昨年11月、孝成くんは亡くなってしまう。享年17。

孝成と共に——。帽子のつばに、みんなで誓いの言葉を書いた。

「孝成も一緒にグラウンドで戦っていると思っている」

明豊主将・西村元希は勝利を誓う。夏最多、40回目の出場を誇る北海と、3年連続9回目の出場となる明豊の強豪校対決。

明豊が3回に3番・柴田廉之助のライト前タイムリーで先行すれば、北海は4回に、今北孝晟、熊谷陽輝の連打から2点を奪って逆転。一進一退の攻防が続く。

すると5回、明豊の4番・西村が1死一、二塁から右中間へ逆転三塁打。さらに7回には、5番・木下季音のタイムリー、6番・石田智能のライトオーバーの三塁打などで一挙4点。相手を突き放しにかかる。

しかし、北海も追いすがる。6回に5番・幌村魅彰がライト前タイムリー。7回には途中出場の小保内貴堂がレフトスタンドに2ランを打ち込み、2点差まで詰め寄る。

4番としてもチームを牽引し続けた、明豊の主将・西村元希

夏跡

「孝成と共に」を合言葉に

昨年、不慮の事故で亡くなった吉川孝成くんと一緒に戦ってきた、明豊ナインの夏が終わった。

アルプス席には、孝成くんの弟、悠之輔くん（9）と寛太くん（7）も駆けつけ、兄の遺影とともに声援を送った。

宿舎に戻って最後のミーティング。

「いい試合だったし、（大分に）堂々と帰って、いろんな人に感謝を伝えてほしい。生きることの大切さとか、友達の大切さとか。いなくなって初めて存在の大きさに気づいて、感謝しようと思ってもできないから、伝えられる間に素直に『ありがとう』と、感謝の気持ちを伝えられる人間になってもらいたい」

川崎絢平監督は、涙する選手たちにそう語りかけた。

「孝成がいたからいい試合ができた。孝成に感謝したい」

主将の西村元希は、仲間たちと全力で戦った甲子園を振り返り、最後にそう語ってくれた。

そして迎えた9回、北海の攻撃は簡単に2死。そこから1番・片岡誠亮が四球を選び、続く谷川凌駕のヒットで2死一、二塁と望みをつなぐと、3番・今北がライト前タイムリーを放って1点差に。

さらに4番・熊谷の死球で2死満塁とすると、幌村も押し出し四球を選ぶ。2死走者なしから、ついに同点に追いつく。

なおも2死満塁。明豊は一転して、サヨナラ負けのピンチに。

今こそ、孝成と共に――。

このピンチは、明豊の2番手・森山塁が三振を奪い、今大会4試合目の延長タイブレークへ。

10回、明豊は代打・芦内澄空（そら）がライト前タイムリーを放ち、1点勝ち越しに成功する。

しかし北海もその裏、8番・小保内のライト前タイムリーで追いつき、なおも1死一、三塁。

一打出ればサヨナラという場面、2ストライクからの3球目。9番・大石広那が変化球をとらえ、打球がライナーでショートの頭上を襲う。強烈な打球は、ジャンプして差し出したグラブをはじき、レフトの前へ。このヒットで三塁走者が生還し、北海が劇的なサヨナラで熱戦を終わらせた。

ともに15安打ずつを放った打撃戦。9回2死から粘りを見せた北海が、準優勝した2016年以来となる、甲子園での白星を手にした。

取材班MEMO

先発マウンドに上がる明豊のエース・中山敬斗くんをアップで撮影していたら、まるでマウンドからの風景を彼に見せるかのように、亡くなった吉川孝成くんの写真を一瞬だけプレートに置く様子を確認しました。心が震えた瞬間でした。（ENGカメラ＝中浜隆）

第6日　第1試合　［2回戦］ 2023年8月11日(金)

いなべ総合（三重） 0-3 沖縄尚学（沖縄）

沖縄大会から無失点を続ける沖縄尚学のエース・東恩納蒼が好投

甲子園に帰ってきた沖縄賛歌――！大声援の中、球児たちが躍動する。

斎藤佑樹EYE

沖縄尚学・東恩納くんはスライダーを、つま先がはみ出すほどプレートの三塁寄りを踏んで投げます。本人に聞くと「右打者の外角低めが生命線なので、打者から一番遠くに見えるよう考えた」と言います。直球との球速差も少なく、打つのが難しいボールです。

学校名	1	2	3	4	5	6	7	8	9	計
いなべ総合	0	0	0	0	0	0	0	0	0	0
沖縄尚学	0	3	0	0	0	0	0	0	×	3

両校投手が好投するも沖縄尚学が好機をものに

4年ぶりに声出し応援が全面解禁となった夏の甲子園。毎年の名物となっていた沖縄の大声援も、アルプススタンドに帰ってきた。

沖縄尚学の佐野春斗も応援が大好きなキャプテン。同校がベスト8入りした9年前のアルプススタンドには、当時まだ小学生だった佐野少年の姿があった。

今度は、その大声援を受けてプレーする甲子園。

沖縄尚学は2回、2死満塁で9番・大城和平が死球を受け、先取点をあげる。なおもチャンスが続き、打席には1番・知花慎之助。すると、アルプススタンドにはおなじみの応援歌「ハイサイおじさん」が、指笛とともに響きわたる。大声援を受けた知花は、外角の変化球をライト線にうまく流し打ち、さらに2者生還。この回で3点をリードする。

沖縄大会から無失点を続ける沖縄尚学エース・東恩納蒼（ひがしおんなあおい）は、この試合8安打を許しながらも、要所を抑える投球で9奪三振、1死球。見事な完封勝利を飾った。

2回の失点に泣いた、いなべ総合。投手陣は東恩納に負けない好投を見せた。先発の水野陸翔は失点した2回を除くと2安打しか許さず、2番手の高田陽聖も7、8回を三者凡退に抑える堂々の戦いぶりだった。

第6日 第2試合 ［2回戦］ 2023年8月11日(金)

立正大淞南（島根） 3-8 広陵（広島）

6回裏に3点二塁打を放った、今大会注目の“広陵のボンズ”真鍋慧

“広陵のボンズ”がついに登場——!! 立正大淞南は、勝利の方程式で迎え撃つ

学校名	1	2	3	4	5	6	7	8	9	計
立正大淞南	0	1	0	0	2	0	0	0	0	3
広陵	0	0	0	2	0	5	1	0	×	8

広陵打線が6回に爆発 一挙5得点で逆転勝利！

立正大淞南は、山下羅馬から日野勇吹への継投が必勝パターン。

2回に竹内昴航のライト前タイムリーで1点を先行した立正大淞南。3回、広陵の1番・田上夏衣の内野安打とバントなどで1死三塁とされ、“広陵のボンズ”こと、3番の真鍋慧を左打席に迎えた。

先発の山下は広陵打線を無失点に抑えてきたが、1回にも真鍋と小林隼翔に連打を許している。なんとか、このピンチをしのぎたい。

そこで立正大淞南は、2番手の日野をマウンドへ送る。その日野は、力強い直球で真鍋を浅いレフトフライ、続く小林をスライダーでセンターフライに打ち取る。早めの決断が功を奏した。

2番手投手・日野の活躍を誰よりも応援したのは、アルプススタンドで見守る弟の日野暖大くん（6歳）だ。ずっとそばにいてくれる、優しくて憧れのお兄ちゃん。甲子園で投げる姿も、やっぱりかっこいい。

しかし6回、広陵がその実力を発揮する。真鍋の左中間二塁打などで一挙5得点。そのまま逆転勝利し、広島勢の夏120勝目を飾った。

試合には敗れたが、最後まで諦めず戦い抜いた立正大淞南。日野の弟・暖大くんも、甲子園での兄の雄姿をその目に焼き付けた。

第6日　第3試合　［2回戦］　2023年8月11日(金)

北陸（福井） 4-9 慶応（神奈川）

5回表、難しい打球を上手にさばく好守を見せた慶応の遊撃手・八木陽

激戦の地方大会を制した春夏連続出場校対決はどちらに軍配!?

学校名	1	2	3	4	5	6	7	8	9	計
北陸	0	0	0	0	0	0	0	0	4	4
慶応	1	1	3	2	2	0	0	0	×	9

チームワークで戦った慶応が5年ぶりの白星

激戦区の神奈川を勝ち抜いた慶応は、「ありがとう」が合言葉。

「仲間のためにという思いでプレーしたほうが、実力プラスアルファの分だったり、運が味方になってくれたりして、120％の力が出せるんじゃないかと思っています」

大村昊澄主将が説明するように、甲子園でもその合言葉は随所で飛び交う。

慶応は1回、4番・加藤右悟のレフト前タイムリーで先制すると、その後も渡辺憩、丸田湊斗、渡辺千之亮らがタイムリーを連ね、5回までに12安打で計9得点を重ねた。

守備では5回、先発の小宅雅己が初めてピンチを招く。北陸の6番・野路也真斗、8番・友広陸にヒットを打たれて2死一、二塁のピンチに。続く9番・水野伸星の打球は、高いバウンドで二遊間に飛び、ベースに当たって方向を変えた。

この難しい打球を慶応のショート・八木陽がうまくさばいて一塁アウト。またも、「ありがとう」の声が慶応ナインに飛び交った。

一方、北陸は9回に、代打・宮脇隆之介のタイムリー三塁打と、8番・友広の2点本塁打で4点を返して粘りを見せたが、反撃もそこまで。31年ぶりの甲子園勝利をあげることはできなかった。

第6日 第4試合 ［2回戦］ 2023年8月11日（金）

文星芸大付（栃木） 9-7 宮崎学園（宮崎）

打撃戦に終止符を打つ、8回表の逆転劇で沸く文星芸大付の選手たち

計29安打の打撃戦を制し文星芸大付が16年ぶり勝利

宮崎大会を1点差3試合、2点差2試合、準決勝、決勝はサヨナラ勝ちという接戦で勝ち上がった宮崎学園。準決勝でサヨナラ本塁打を放った主砲の斎藤峻雅は、高校通算21本塁打を数える強打者だ。

そんな斎藤の大ファンが、今年入学した1年生マネジャーの斎藤叶望。「ピンチを救ってくれるところが一番かっこいいかな」とはにかむ、斎藤の2歳下の妹だ。

兄は4番三塁手で先発出場。妹はアルプススタンドから声援を送る。

宮崎学園は、文星芸大付に2点を先行された直後の4回、1死から斎藤がライト線へ二塁打を放つ。主砲の一打を皮切りに満塁とすると、丸山遥音のライト前タイムリーが相手守備のミスも誘って逆転。さらに、浦田翔夢、斉藤聖覇の連続タイムリーで、この回一挙5点を奪った。

その後、一進一退の攻防が続く。8回、2点を追う文星芸大付は無死一、三塁から、9番・工藤逞がライト前タイムリーを放つと、その打球を宮崎学園の右翼手がまさかの後逸。その間に一塁走者に続いて、打った工藤も本塁へ生還。さらにはこの回にもう1点追加して、一気に逆転に成功した。

両チーム計29安打の打撃戦の末、文星芸大付が16年ぶりの勝利をつかんだ。

学校名	1	2	3	4	5	6	7	8	9	計
文星芸大付	0	0	0	2	1	0	2	4	0	9
宮崎学園	0	0	0	5	2	0	0	0	0	7

リードを奪えば、すぐに迫る——一進一退の攻防は思いもよらぬ結末に

books by bunkakobo

スポーツを本棚に。

さまざまなスポーツの書籍をラインナップ！

テレビ朝日グループの文化工房では、さまざまなスポーツを応援するための書籍を制作・出版しています。スポーツを愛する皆さんに楽しんでもらえるコンテンツを届けます！

スポーツ関連書籍のご案内

夢をかなえる教科書
トップアスリートに学ぶ 39 のヒント

テレビ朝日「Dream Challenger～夢に挑む挑戦者たち～」で紹介された、スポーツ界のレジェンドたちの金言を集めた一冊。アスリートに限らず多くの人にとっての"夢をかなえるヒント"を紹介します。

ジュニアアスリートキッチン
スポーツをがんばる子どものためのお悩み解決レシピ

BS朝日「アスリート・インフィニティ」に登場したメニューのレシピを中心にスポーツをがんばる成長期の子どもたちに欠かせない食に関する情報を紹介します。

B booksサイトはこちらから

株式会社 文化工房

東京都港区六本木 5-10-31　TEL：03-5770-7100　FAX：03-5770-7133　https://b-books.bun.jp/

第27回全国高校女子硬式野球選手権大会 ［決勝］ 2023年8月1日(火)

神戸弘陵（兵庫） 8-1 岐阜第一（岐阜）

今年も甲子園の舞台で“女子高校野球”日本一が決定!

学校名	1	2	3	4	5	6	7	計
神戸弘陵	3	0	0	3	2	0	0	8
岐阜第一	0	0	1	0	0	0	0	1

聖地に広がる女子野球の笑顔 神戸弘陵が「3冠」達成

第27回全国高校女子硬式野球選手権大会は8月1日に阪神甲子園球場で決勝があり、神戸弘陵（兵庫）が8―1で岐阜第一を破り、2年ぶり3度目の優勝を果たした。神戸弘陵は昨年8月のユース大会、今春の選抜大会も制しており、史上初の「3冠」となった。

甲子園での決勝開催は3年目。神戸広陵が1回、飯嶋弥沙音（みさと）のセンター前タイムリーなどで先制し、憧れの舞台で笑顔をはじけさせた。

岐阜第一も3回、桑沢明里（めいり）のタイムリーで1点を返す。これが同校の女子野球部にとって甲子園初得点。ベンチもスタンドも盛り上がった。

ピッチャーライナーの好捕あり、素晴らしい中継プレーあり、選手たちは全力プレーを続けた。神戸弘陵の伊藤まことは「魔法がかかったようなグラウンドでした。野球をやっていくうえで一生忘れられないと思います」と語った。

1997年に5校でスタートした大会は、参加58校にまで輪を広げてきた。ゲスト解説をした栗山英樹さんは「試合前にベンチに入っていない選手と一緒に手をつないで歌ったり、男子野球部員が応援したり、理想的な野球の広がり方だと感じます。このまま、みんなで頑張っていきましょう」とエールを送った。

第7日　第1試合　［2回戦］　2023年8月12日(土)

八戸学院光星（青森）　7-0　明桜（秋田）

初の甲子園で堂々たる投球をみせた、明桜の2年生投手・松橋裕次郎

2年生投手の投げ合いは八戸学院光星に軍配！

昨年夏も甲子園を経験した八戸学院光星の洗平比呂に対し、明桜の松橋裕次郎はこの夏初先発。東北勢対決は両2年生左腕が互いの持ち味を発揮し、4回まで0—0。

5回、八戸学院光星が均衡を破る。砂子田陽士が松橋の変化球をセンター前にはじき返し、2者を返した。さらに7回には藤原天斗がレフトスタンドに打ち込む3ラン。青森大会チーム6本塁打の破壊力を甲子園でも発揮し、計7得点を奪った。

投げては先発の洗平が4安打、7奪三振で完封勝利し、チームを11大会連続の初戦突破に導いた。

対する明桜は、一昨年に続く初戦突破はならなかった。それでも、ピンチの際に、ベンチでひときわ目立っていたのが記録員、伊藤耀太。

「メンバーが笑顔でプレーできるよう、自分から笑顔になることを意識しています」

そのためなら誰が相手でも関係ない。表情が曇っていれば、輿石重弘監督にも檄を飛ばす。

5回、先制点を許した場面も、「監督さん、笑顔！」。7回に突き放されても、「オッケー、オッケー。みんな、ここ下がるな！　上げていこう！」と声をかけた。

どんなときでもチームを笑顔にし続けた明桜の太陽。試合後は誰よりも先に目から涙があふれた。

古田敦也EYE

八戸学院光星は各打者の対応力が素晴らしい。砂子田くんは松橋くんのスライダーにタイミングが合わず、第1、2打席は空振り三振。しかし、5回にはきっちり打ち返しました。藤原くんも高めの直球に空振りした2球後、厳しいコースの球を本塁打にしました。

今大会では初となる、東北勢対決！ グラウンドには全力で闘う球児の笑顔が。

学校名	1	2	3	4	5	6	7	8	9	計
八戸学院光星	0	0	0	0	3	0	3	1	0	7
明桜	0	0	0	0	0	0	0	0	0	0

第7日　第2試合　［2回戦］　2023年8月12日(土)

東海大甲府（山梨） 5-7 専大松戸（千葉）

拮抗した試合を決めた専大松戸の連続スクイズ

8年ぶりの出場となる東海大甲府は、地獄の走り込みによって培ってきた粘り強さが長所。その自信を胸に、選抜大会ベスト8の専大松戸と相対した。

1点先制された直後の4回、兼松実杜、岡田翔豪の連打から追いつく。その裏すぐに3点を勝ち越されても、東海大甲府はあきらめない。

6回、立石怜久の三遊間タイムリーでまず1点。さらに、益岡潤平、中俣光陽が内野安打で続き、走って鍛えたその脚力で、しぶとく同点に追いついた。

7回には、岡田のタイムリーで、この試合はじめてリードを奪う。

しかし、専大松戸は手強かった。

その裏、すぐ追いつかれると、上迫田優介のセーフティスクイズ（記録は安打）と宮尾日向のスクイズで2点勝ち越される。

そのまま専大松戸が春夏出場3大会連続の初戦突破を果たした。

今年度末での退任を発表している東海大甲府の村中秀人監督（65）にとっては最後の甲子園となった。

「最後に甲子園に連れてきてくれて、ありがとうね……。以上！」

そう言って頭を下げる村中監督に、兼松主将から「監督さんのもとで野球ができて本当に幸せ者だと感じます」と感謝の言葉がおくられた。

粘り強い野球で勝ち上がった東海大甲府 対するは、選抜ベスト8の専大松戸

学校名	1	2	3	4	5	6	7	8	9	計
東海大甲府	0	0	0	1	0	3	1	0	0	5
専大松戸	0	0	1	3	0	0	3	0	×	7

専大松戸は7回裏に、宮尾日向らの連続スクイズを成功させて試合を決めた

第7日　第3試合　［2回戦］　2023年8月12日(土)

土浦日大（茨城） 3-0 九州国際大付（福岡）

9回の最終打席、意地の安打を放った九州国際大付の主将・佐倉侠史朗

初戦でタイブレークを制した土浦日大が49代表校最後の一校、九州国際大付と対戦

学校名	1	2	3	4	5	6	7	8	9	計
土浦日大	0	0	1	0	0	0	2	0	0	3
九州国際大付	0	0	0	0	0	0	0	0	0	0

8番が値千金の一発を放ち 土浦日大が初の1大会2勝

全49代表校で最後に登場した九州国際大付。高校通算31本塁打の佐倉侠史朗は主将となり、自身3回目となる甲子園に戻ってきた。

そんな頼れる主砲を慕うのが、2年生エースの田端竜也。福岡大会では4試合を完投。仲が良すぎて、体重110キロの主将を〝ぶーちゃん〟と呼ぶのもご愛嬌だ。

相手は、開幕試合を延長タイブレークで勝ち上がった土浦日大。田端は1、2回を三者凡退に抑える上々の立ち上がりを見せる。

ところが、3回、土浦日大の大井駿一郎に高めの直球をとらえられると、レフトスタンドへの先制本塁打に。2年生の8番打者にとって、練習試合でも未体験という柵越え本塁打が、値千金の一発となった。

田端も気を取り直し、一発以外は走者すら許さない素晴らしい好投を続ける。しかし7回、初めて連打を許し、4番・香取蒼太のセンター前タイムリーと暴投で、土浦日大に2点を追加されてしまった。

0―3で迎えた9回、九州国際大付は佐倉が右中間へ痛烈な当たりのヒットを放つ。最後までチームを牽引した主将の一打は、田端ら後輩の心に響いたことだろう。

試合は完封リレーの土浦日大が、春夏通じて初の3回戦進出を決めた。

第7日　第4試合　［2回戦］　2023年8月12日（土）

聖光学院 2-8 仙台育英
（福島）（宮城）

4回に1点差まで詰め寄る本塁打を放った聖光学院の3番・杉山由朗

昨年の準決勝で大敗した、その雪辱を――聖光学院が、仙台育英との東北対決へ。再び！

打倒に燃える聖光学院を盤石な継投で抑えきった

準決勝史上初の東北対決となった昨年、聖光学院は仙台育英に4―18という大敗を喫した。最後の打者となったのが、当時2年生4番だった三好元気だ。

「自分が最後の打者だったのも神様からのメッセージだと思って1年間やってきた。奇跡でも偶然でもなく、これは必然だと思っている」

雪辱の舞台は聖地・甲子園――。

1点を先行された聖光学院は2回、三好がライト前ヒットを放つと、6番・松尾学武（がくむ）の犠牲フライですかさず同点に追いついた。

しかしその裏、2死二、三塁で、二塁ベース後方に上がった高いフライが野手の間に落ちてしまい、仙台育英に2点を勝ち越される。

それでも、今年の聖光学院は一方的にはやられない。4回、3番・杉山由朗がライトスタンドに本塁打を放ち1点差。さらに三好も右中間二塁打で続き、同点の好機に。しかし、それをしのいだのは昨夏の甲子園を知る仙台育英の湯田統真（とうま）だ。後続を抑え、追加点を許さなかった。

すると、7回、王者が畳みかけてきた。湯浅、浜田大輔の二塁打で3点追加し、8回にも2点を加えた仙台育英がそのまま勝利を手にした。

昨年の雪辱を果たせなかった聖光学院も、強敵を相手に成長した姿を証明することはできた。

取材班MEMO

聖光学院は毎年、ラストミーティングで全員が泣きじゃくります。第4試合で厳しい時間でしたが、ヒロドアナと宿舎にお邪魔し、「全員で束になって戦い抜けた」という高中一樹主将のメッセージを取材することできました。

（番組ディレクター＝川井大輔）

学校名	1	2	3	4	5	6	7	8	9	計
聖光学院	0	1	0	1	0	0	0	0	0	2
仙台育英	1	2	0	0	0	0	3	2	×	8

第8日　第2試合　［2回戦］ 2023年8月13日(日)

智弁学園 12-6 徳島商

（奈良）　（徳島）

5回に勝ち越しとなる2点タイムリーを放った智弁学園の川原崎太一

智弁学園の超積極攻撃が徳島商の好投手を攻略

23年ぶりの夏2勝へ。徳島商は1回、高木大地がエラーで出塁すると、横手亮汰のセンター前安打で無死一、三塁。森口圭太が犠牲フライ、下川鏡、真鍋成憧がセンター前にタイムリーを放ち、3点を先行した。

一昨年準優勝の智弁学園も攻撃力では負けてない。3回、西川煌太、松本大輝、山家拓人の3連打で無死満塁とし、3番・中山優月のセンター前タイムリーと、5番・池下春道の犠牲フライで3点を返し、試合を降り出しに戻した。

智弁学園は5回、7番・川原崎太一の左中間二塁打で2点を勝ち越すと、6回にも知花琉綺亜が満塁の走者を一掃する左中間三塁打を放つなど、一挙4得点。試合中盤に大きくリードを奪った。

徳島商のエース森煌誠は、徳島大会の全5試合と甲子園の1回戦を1人で投げ抜き、完封が2試合、1失点完投が4試合と、ここまで絶対的な安定感を誇ってきた。

その森から6回までに11安打を放った智弁学園の強力打線。9回には松本がバックスクリーンに本塁打を打ち込むなど、最終的には18安打で12得点をあげた。

智弁学園が猛打で、奈良勢の夏90勝目、春夏通算150勝目という記念すべき勝利を飾った。

夏跡
勝利の女神「徳商セブン」

徳島商には7人の3年生の女子マネジャー「徳島セブン」がいる。彼女たちは、徳島大会1回戦から順番に記録員としてベンチに入り、勝利のバトンをつないできた。

岩本梨津奈さん、森夢花さん、木原楓さん、篠原詩さん、西川真央さんの5人で徳島大会を勝ち抜き、甲子園の1回戦は高力瑠渚さんが記録員を務めた。2回戦はいよいよ7人目、藤原夢心さんがベンチに入る。

しかし、試合は大黒柱のエース・森が大量失点し、苦しい展開が続いた。それでもベンチの藤原さんは選手たちを精神的に支え、ほかの6人もアルプススタンドから懸命に声援を送り続けた。

「悔しい時とか、しんどい時でも心の支えになってくれて、7人のお母さんみたいでした」

試合終了後、「徳商セブン」の7人には、部員たちから感謝の言葉がおくられた。

古田敦也EYE

智弁学園は3点を追う3回、西川くん、松本くんが初球をヒット。続く山家くんのバント安打、中山くんのタイムリーも1球目ですから、たった4球で2点を返しました。好投手攻略は第1ストライクを狙うのが鉄則ですが、劣勢での実践は難しい。超積極的な打撃は見事でした。

奈良が誇る強豪・智弁学園は記念すべき勝利をあげられるか!?

徳島商の森煌誠は、徳島大会5試合、甲子園2試合を1人で投げぬいた

学校名	1	2	3	4	5	6	7	8	9	計
智弁学園	0	0	3	0	2	4	0	1	2	12
徳島商	3	0	0	0	0	0	0	2	1	6

第8日　第1試合　［2回戦］ 2023年8月13日(日)

高知中央（高知） 4-10 履正社（大阪）

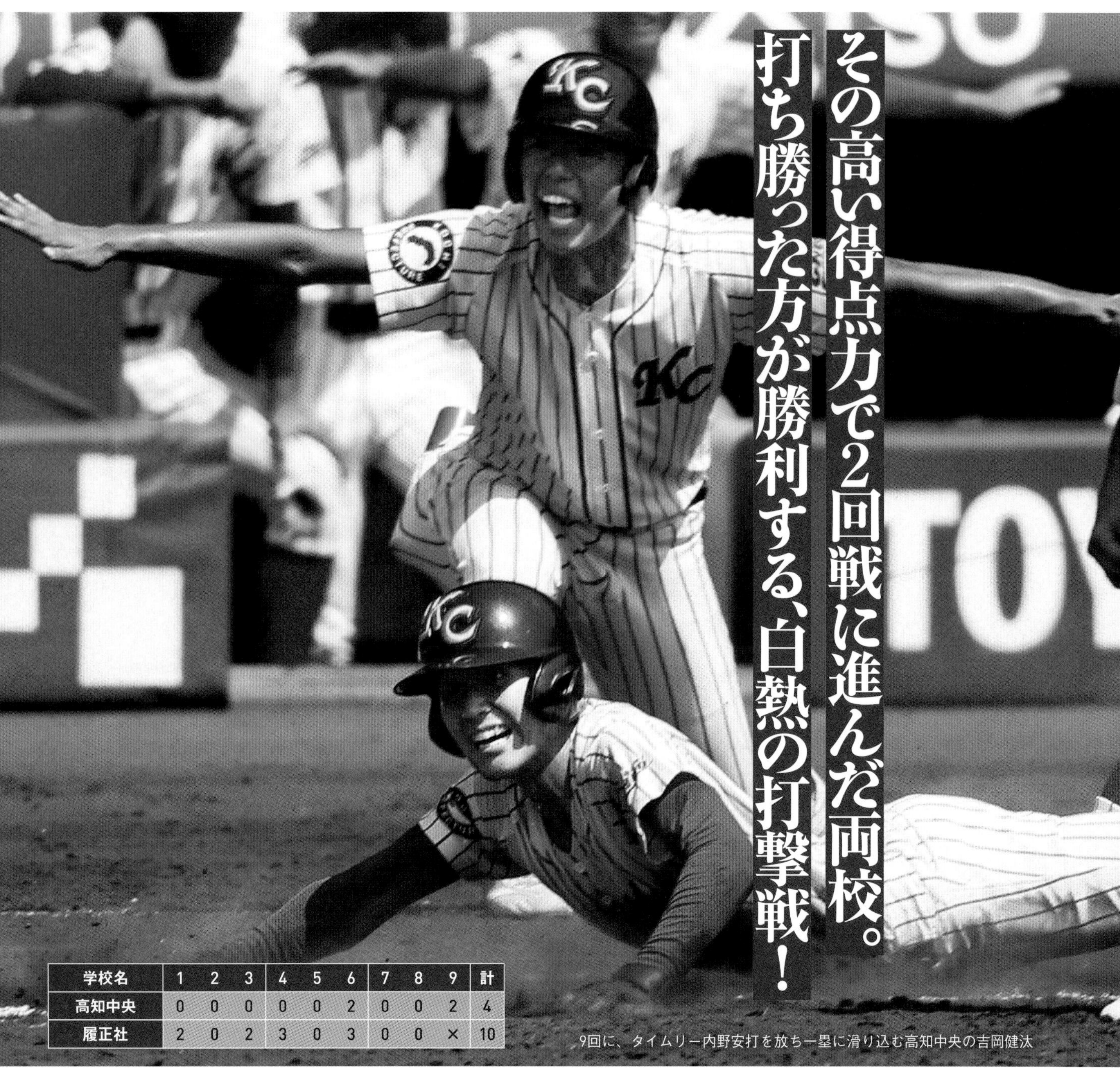

その高い得点力で2回戦に進んだ両校。打ち勝った方が勝利する、白熱の打撃戦！

学校名	1	2	3	4	5	6	7	8	9	計
高知中央	0	0	0	0	0	2	0	0	2	4
履正社	2	0	2	3	0	3	0	0	×	10

9回に、タイムリー内野安打を放ち一塁に滑り込む高知中央の吉岡健汰

2試合連続本塁打など大量得点の履正社が勝利

履正社の打線を活気づけたのは、この試合も4番・森田大翔のバットだった。1回、1死一、二塁からライト頭上を襲う二塁打。1回戦の3ランに続いて先制点をたたき出すと、3回には、左中間スタンドへ2試合連続の本塁打を放った。

その森田が申告故意四球で歩いた4回にも前後の打線がつながり3得点。さらに6回にも4長短打で3点を加え、計10得点の履正社が2回戦を快勝した。

高知中央も6回に越智大地の三塁打などで2点を返す。9回にも、吉岡健汰が一塁まで激走するショート内野安打の間に2点を返すなど、最後まで粘りを見せた。

「追いかけ続ける勇気さえあれば、夢は必ずかなう」

開会式で、西岡悠慎主将が選手宣誓をした。同校はこれまで、甲子園出場の経験がなかった。それでも、自分たちの想い、経験を宣誓の言葉に込め、1回戦では甲子園初勝利というさらなる夢をかなえた。

戦いを終えて宿舎に戻った高知中央の選手たち。主将の晴れ舞台のため、（選手宣誓の）練習に付き合ったという5番・三塁手の奥田誠絆らが、この夏の思い出を振り返る。みんなでやり切った。だからこそ、最後に清々しい笑顔が並んだ。

第8日　第3試合　［2回戦］ 2023年8月13日(日)

クラーク国際 1-2 花巻東

（北北海道）　（岩手）

この試合でも変幻自在の投球で打者を翻弄したクラーク国際の新岡歩輝

1点を争う好ゲームは花巻東が流れをつかむ

1回戦で甲子園初勝利を挙げたクラーク国際には「魔術師」がいる。エースで主将の新岡歩輝（あゆき）。3種類（上・横・下）の投球フォームから、8種類の球種を投げ分ける。

「北の魔術師」が変幻自在な投球術で、高校通算140本塁打の佐々木麟太郎を擁する花巻東に挑む。

1回、2死から佐々木を迎える。右へ左へとプレートの位置を変えながら、最後は一塁側ギリギリを踏んで上から内角ストレートを投げ込み、空振り三振に打ち取った。

4回に熊谷陸の二塁打と北條慎治の内野安打で花巻東に1点を先行されるが、ここでも新岡が巧みな投球を見せ決定打を許さない。

エースの好投に応えたいクラーク国際は、7回に同点とすると、続く8回に、2四球と安打で1死満塁。雨脚が強くなり、1時間34分に及ぶ中断を挟んで攻め込んだ。しかし、花巻東の3番手・中屋敷祐介に後続を抑えられ、勝ち越すことはできなかった。

最大のピンチをしのいだ花巻東はその裏、5番・千葉柚樹（ゆずき）が三遊間を破るタイムリーを放ち、これが決勝打に。花巻東が接戦を制した。

クラーク国際の新岡は敗れたものの、怪物・佐々木を三振と内野ゴロ3つに抑え込む好投でその存在感を示した。

変幻自在の球を操る“魔術師”が“怪物”との対決に挑む——！

学校名	1	2	3	4	5	6	7	8	9	計
クラーク国際	0	0	0	0	0	0	1	0	0	1
花巻東	0	0	0	1	0	0	0	1	×	2

第8日　第4試合　［2回戦］ 2023年8月13日（日）

大垣日大（岐阜） 3-4 おかやま山陽（岡山）

8回表、大垣日大の4番・高橋慎が同点本塁打を放つ

学校名	1	2	3	4	5	6	7	8	9	10	計
大垣日大	0	1	0	0	0	0	0	1	0	1	3
おかやま山陽	2	0	0	0	0	0	0	0	0	2×	4

思わぬ形で決着した1点をめぐる攻防戦

1回、おかやま山陽は湯浅健太郎の四球、渡辺颯人のヒットなどで2死二、三塁とすると、5番・入江航平がレフト前にタイムリーを放ち、2点を先行した。

大垣日大も、2回にすぐに反撃。山田渓太と日比野翔太の連打で1死一、三塁とし、7番・岩本千空（ちひろ）が3バントスクイズを決め1点返す。

その後、両チームともに得点にできないまま、試合は終盤へ。

8回、1点を追う大垣日大の攻撃は簡単に2死。4番・高橋慎がフルカウントからの6球目をライトポール際まで運ぶ。同点本塁打で試合を振り出しに戻した。

試合はそのまま延長タイブレークへ。先攻の大垣日大は二塁走者と一塁走者がダブルスチールを敢行し、おかやま山陽の悪送球を誘って1点を勝ち越すことに成功する。

しかしその裏、おかやま山陽は2死満塁。ここで大垣日大のエース・山田が投じた高めの変化球を捕手が後ろにそらす。その間に同点のランナーが生還。さらには、本塁ベースカバーに入った山田への送球が逸れ、二塁走者も一気に本塁へ生還する。逆転サヨナラ……。

緊迫の攻防戦は延長10回、思わぬ形で幕を閉じた。

第9日　第2試合　［2回戦］　2023年8月14日（月）

神村学園（鹿児島）11-1 市和歌山（和歌山）

初回のピンチで登板し、打者を三振に仕留めた神村学園・黒木陽琉

神村学園が2試合連続の二桁得点で強さを示す！

神村学園が1回戦に続く二桁得点で快勝し、出場6回目となる夏の甲子園で、初の2勝目をあげた。

まずは1回、1死二塁から秋元悠汰のレフト線二塁打と、正林輝大のライト前タイムリーなどで3点を先行。強力打線がいきなりギアを上げると、3回にも2点を追加した。

さらに7回、上川床（かみかわとこ）勇希、松尾龍樹、松尾大悟の3連続長短打などで一挙5得点。試合の大勢を決めた。

投げては初先発の今村拓未が制球に苦しむと、1回2死満塁で早くも黒木陽琉（はる）を投入。このピンチを三振で切り抜け、黒木は9回2死まで、市和歌山打線を4安打に抑えた。

一方の市和歌山は、6回に5番・大江陸斗のライト線二塁打から1点を返したが、得点はこの1点のみ。投手陣も序盤から制球に苦しみ、難しい試合となってしまった。

松坂大輔EYE

1回2死満塁で緊急登板した神村学園・黒木投手の投球フォームに注目しました。左足を高く上げ、軸足の左足1本で立った際のバランスが素晴らしいです。体幹と母指球を意識して、きれいに立てているからこそ、低めにコントロールできているのだと思います。

粘り勝ちで初戦を勝利した市和歌山が初戦快勝の神村学園と対戦！

学校名	1	2	3	4	5	6	7	8	9	計
神村学園	3	0	2	0	0	0	5	0	1	11
市和歌山	0	0	0	0	0	1	0	0	0	1

第9日　第1試合　［2回戦］　2023年8月14日(月)

鳥栖工（佐賀） 1-3 日大三（西東京）

学校名	1	2	3	4	5	6	7	8	9	計
鳥栖工	1	0	0	0	0	0	0	0	0	1
日大三	1	0	0	0	0	1	0	1	×	3

日大三は6回、森山太陽の二塁打で岡村颯大が生還し勝ち越しに成功

堅実に得点を重ねる日大三が鳥栖工を攻略

春夏通じて甲子園初勝利を挙げ、勢いに乗る鳥栖工が、夏の頂点に2度立っている強豪・日大三に挑む。

1回、鳥栖工は2死から高陽章がセンター前ヒットで出塁し、すかさず二塁盗塁を決める。4番・松延晶音が三遊間を抜き1点を先行した。

日大三もその裏、四球で出塁した古賀也真人をバントで送り、3番・二宮士のレフト線二塁打で返して、すぐに追いついた。

その後、日大三は2回途中から救援した安田虎汰郎、鳥栖工は先発・古沢蓮の両エースが互いに決定打を許さず、同点のまま5回を終えた。

6回、日大三は内野安打の岡村颯大をバントで送り、8番・森山太陽がセンターの右手前に落とす二塁打。堅実な攻撃で勝ち越した。さらに8回、鳥栖工の2番手・松延響から、安田が二塁打を放って出塁。次打者のライトフライで三塁へ進むと、2番・池内仁海のライト前タイムリーで3点目を挙げた。

投げては1回戦で完封勝利を挙げたエースの安田が、2回途中から3安打、8奪三振、無四球という好投で、つけ入るすきを与えなかった。

鳥栖工も古沢、松延響の両投手が12安打されながらも日大三打線を3点に抑えたが、初出場での2勝目はかなわなかった。

取材班MEMO

大会前にヒロドさんとスタッフが鳥栖工を訪ね、緒方さんに出会いました。高校生に「鬼」とつけていいのかという議論はありましたが、ご本人の心意気に沿わせていただきました。9回、渾身のガッツポーズは鬼気迫るものがありました。

（番組ディレクター＝千葉亮介）

夏跡 選手を支えた鬼マネジャー

鳥栖工には、ひときわ大きく、厳しい声でチームを引き締める女子マネジャーがいる。

緒方美月さん。帽子のつばの裏には「鬼」の文字。

「心を鬼にしてチームを鼓舞して、少しでも勝ちに貢献できたらいいなと思い、藤田に書いてもらいました」

力強く書かれた「鬼」の文字は、本人の強い希望を聞き入れ、同じ3年生の藤田陽斗が書いたものだ。

選手たちから全幅の信頼を得る鬼マネジャーは、大会前に背番号「21」を、選手たちからプレゼントされた。

ピンチでアウトをとっても、「おい、まだ2アウトだぞ」と檄を飛ばす。いいプレーをすれば「おーしっ」と力強くこぶしを握った。

「おまえ、ここやぞ」「つなげ！」「前に飛ばせ！」

鬼になり切った夏。だからこそ、最後に、鬼の目から涙が流れた。

鬼マネージャーの檄が飛ぶ！鳥栖工が強豪・日大三に挑む。

初回に貴重な先制タイムリーを放った、鳥栖工の4番・松延晶音

第9日　第3試合　［2回戦］ 2023年8月14日(月)

浜松開誠館 2-3 北　海

（静岡）　　　　　　　　（南北海道）

この試合、先発した浜松開誠館の二刀流・広崎漣は、6回まで0点に抑える圧巻の投球をみせた

浜松の“シン怪物”×北の“クマさん”甲子園、二刀流対決を制するのは!?

学校名	1	2	3	4	5	6	7	8	9	計
浜松開誠館	0	0	0	1	0	0	0	1	0	2
北海	0	0	0	0	0	0	1	1	1×	3

投げ合い、打ち合いを制し最後は北海がサヨナラ勝利

甲子園初出場の浜松開誠館には「シン怪物」がいる。背番号7の広崎漣。1回戦で打っては3安打1打点、投げては無失点リリーフという二刀流だ。

対する全国最多40回目出場の北海には通称「クマさん」こと熊谷陽輝（はるき）がいる。南北海道大会で5本塁打を放ち、投げては1回戦で最速146キロをマークした。

注目の二刀流対決。1回、北海の熊谷が浜松開誠館・広崎からライト前ヒット打を放てば、その広崎は3回に、切れのいい変化球で熊谷を空振り三振に切ってとる。

1－1で迎えた8回、今度は投手・熊谷が、1死一塁の場面で打席に広崎を迎え、低めに沈めた変化球をライト前に運ばれる。さらに熊谷から代わった長内陽大（はるた）が4番・本多駿にライト前タイムリーを打たれて浜松開誠館に勝ち越しされた。

しかし北海も諦めない。その裏、小保内貴堂（おぼないきどう）が同点タイムリーを放って追いつくと、9回には熊谷が再びマウンドに戻り、気迫の投球で三者凡退に抑える。

その裏、熊谷が浜松開誠館の2番手・近藤愛斗からレフト前ヒットで出塁し、バントで二塁へ。5番・関辰之助がサヨナラ安打を放って接戦に決着をつけた。

第10日　第3試合　［3回戦］ 2023年8月16日(水)

文星芸大付（栃木） 3-6 八戸学院光星（青森）

ダブル左腕エースの八戸学院光星か、巧みな継投で抑える文星芸大付か!?

学校名	1	2	3	4	5	6	7	8	9	計
文星芸大付	1	0	0	0	0	0	0	2	0	3
八戸学院光星	4	0	0	1	1	0	0	0	×	6

文星芸大付戦で先発し好投した、八戸学院光星の背番号10・岡本琉奨

2年生ダブル左腕の好投で八戸学院光星が8強入り

八戸学院光星には切磋琢磨（せっさたくま）を続ける2年生のダブル左腕がいる。身長177センチ、最速147キロの洗平比呂（あらいだい）と、175センチ、最速148キロの岡本琉奨（るい）。

青森大会で岡本がつけた背番号1を、甲子園では洗平が背負う。

文星芸大付との一戦は、背番号10の岡本が先発マウンドへ。1回に1点を失ったが、藤原天斗、青木虎仁（こうじ）のタイムリーなどで、味方打線がすぐに計4点を取り返す。

すると、岡本の投球が伸びやかさを取り戻す。4回に2者連続三振を奪い、7回までを0点に抑える。

8回に2点を返されると、ここで背番号1の洗平がマウンドへ。このピンチをショートゴロ併殺で切り抜けると、9回も抑えて、八戸学院光星が4年ぶりの8強入りを決めた。

敗れた文星芸大付のラストミーティング。高根沢力監督が、最後に褒めさせてほしいと指名したのは、背番号13の入江陽（はる）主将だった。

自身の試合出場は、代打で出た栃木大会の準決勝だけ。ベンチから仲間を支え続けた。

「やんちゃなやつばかりだったけど、最後に一緒に甲子園で戦うことができた。このメンバーでよかったなという思いがあります」

主将は仲間たちに感謝した。

第10日　第1試合　［3回戦］　2023年8月16日(水)

沖縄尚学（沖縄）　5-1　創成館（長崎）

沖縄尚学「ミスターゼロ」東恩納を打倒に燃える創成館が攻略できるか⁉

学校名	1	2	3	4	5	6	7	8	9	計
沖縄尚学	0	0	0	0	0	0	1	4	0	5
創成館	0	0	0	0	0	0	0	1	0	1

7回2死一塁の場面で、沖縄尚学・知花慎之助が値千金の先制タイムリーを放つ

緊迫の投手戦を制した沖縄尚学が準々決勝へ

名門・星稜を撃破し、8年ぶりに初戦を突破した創成館。次なる相手は、沖縄大会からいまだに無失点の東恩納蒼を擁する沖縄尚学だ。

「ミスターゼロ」攻略のカギを握るのは、打撃投手4人衆。酒井隆乃輔、谷口晃史、野原成真、岩崎大弥の3年生4人による「BP（バッティング・ピッチャー）カルテット」の存在だ。投球フォームを少しでも近づけようと東恩納を徹底的に研究し、本人そっくりのフォームを再現。「仮想・東恩納」として打撃投手を務めてきた。

4人の「東恩納率」の自己採点は100％、93％、100％、90％の平均95・75％。「真っすぐに自信を持っていると思うので、自信を無くさせるくらい攻略してほしい」と谷口は仲間たちに期待する。

その谷口と酒井はボールボーイとして、野原、岩崎はアルプススタンドから大一番を見守る。

1回、1番の川崎統真がファウルで粘り、9球目の直球をレフト前に流し打つ。「仮想・東恩納」の効果はてきめん。いきなりヒットで出塁し、バントと四球で2死一、二塁。得点圏に走者を進めた。

しかし、この場面は東恩納に低めの変化球を振らされて空振り三振。得点には結びつかなかった。

創成館は8回、永本翔規のヒットで川崎統真が生還。ついに東恩納から1点取る

取材班MEMO

創成館の練習で、東恩納投手のフォームに似た打撃投手を見つけました。聞くと「研究しています」という。控え部員の頑張りを紹介するのも番組の伝統。彼らに支えられ、「ミスター・ゼロ」から1点とったときはスタッフも沸きました。

（番組ディレクター＝風間慎吾・メ～テレ）

夏跡 「仮想・東恩納」で取った1点

敗れはしたが、「ミスターゼロ」こと沖縄尚学の東恩納蒼から、スコアボードに1点を刻んだ創成館の選手たち。

宿舎に戻ると、熱闘甲子園のカメラの前で、「仮想・東恩納」の打撃投手4人衆について、選手たちが話してくれた。「雰囲気を似せろ」担当という酒井は、セットポジションのときの首の角度などを工夫したそう。すると、安打を2本放ち、8回に貴重な本塁生還を果たした1番の川崎は、左打席で東恩納と相対したとき、「酒井やん」と酒井の姿を思い出しリラックスできたのだという。

5回にバント安打を決めた2番の東壱星は、1回は送りバント、8回には内野ゴロで川崎を二塁に進めるなど、つなぎ役を果たしたは、やはり「酒井やん」と、酒井を思い出したのだと言い、仲間を笑わせた。

仲間の言葉を聞いた酒井は「最高です」とニッコリ。あの1点は、みんなで刻んだ、誇れる夏の1点となった。

2回も山下真ノ介がライト前ヒット、4回には1死から向段泰一郎、馬渡和樹が連打を放った。しかし、「ミスターゼロ」は崩れない。後続が内野ゴロに打ち取られた。

創成館の先発・福盛大和も負けてない。1回に2死から沖縄尚学の玉那覇世生、仲田侑仁に連打を許し、2回は2死球などで2死満塁とされたが、得点を許さなかった。両右腕の投げ合いで6回まで0—0。

試合が動いたのは7回だった。沖縄尚学は2死から大城和平がレフト前ヒット。1番・知花慎之助が福盛の変化球をうまく拾って左中間を抜くと、大城が一塁から一気に生還し、ついに均衡を破った。

沖縄尚学は8回にも、大城が満塁の走者を一掃する右中間三塁打を放つなどして4点を追加した。

創成館はあきらめない。東恩納の無失点が47イニングを超えた8回、1番の川崎がセンター前ヒットで出塁。内野ゴロの間に二塁に進んだ。左打席に4番の永本翔規。並行カウントから内角の直球をとらえた。打球はライナーでライト前へ。川崎が二塁から三塁をけって本塁へ。東恩納から、ついに得点を奪った。

3回目の夏の甲子園で初の2勝はならなかった創成館。それでも「ミスターゼロ」から1点を刻んだ。

一方の沖縄尚学は、春の選抜大会に続く2勝を挙げ、9年ぶりの準々決勝進出を決めた。

第10日　第2試合　［3回戦］　2023年8月16日(水)

慶応（神奈川） 6-3 広陵（広島）

3回裏にタイムリーを放ち、反撃の口火を切った広陵・小林隼翔

選抜大会で好成績を残した優勝候補が、熱闘繰り広げる！

学校名	1	2	3	4	5	6	7	8	9	10	計
慶応	2	0	1	0	0	0	0	0	0	3	6
広陵	0	0	1	0	0	1	1	0	0	0	3

延長タイブレークで慶応に軍配が上がる

選抜大会ベスト4の広陵と、その選抜大会1回戦で昨夏の王者・仙台育英に延長10回の末にサヨナラ負けした慶応。優勝候補に挙げられる実力校同士の対決は、延長タイブレークにもつれ込む熱闘となった。

まずは1回、慶応が広陵の2年生右腕・高尾響の立ち上がりをつき、丸田湊斗の四球などで2死二、三塁とチャンスをつくると、5番・延末藍太がレフト前に流し打って2点。

さらに、3回にも渡辺千之亮のヒットなどから1点を加え、リードを3点に広げた。

その裏、これまで0点に抑えられていた広陵も反撃に転じる。1死から2番・谷本颯太が右中間二塁打を放つと、続く4番・小林隼翔が三遊間を破り、ようやく1点を返すことに成功した。

試合中盤になると、広陵の高尾も本来の調子を取り戻し、バックも堅守で盛り立てる。

すると、広陵は6回、レフト線二塁打の高橋陽大を、松下水音のライト前タイムリーで返して1点差。慶応の先発・小宅雅己をこの回限りで降板させた。

続く7回には、1死から3番・真鍋慧がセンター前ヒット。小林も右中間二塁打で続き、只石貫太の内野ゴロの間に同点に追いついた。

9回裏のサヨナラのピンチをしのぎ、雄叫びをあげる慶応主将の大村昊澄（そらと）

夏跡
母から贈られた「感謝・努力・夢」

広陵の小林隼翔主将は、「感謝・努力・夢」という3つの言葉を大切にしている。

「この言葉と一緒に頑張ってきた。今後、野球をしていくうえで、大切にしていこうと思っている」

母・優さんに初めて買ってもらった小林のグラブにも、この3つの言葉が刻まれている。

「感謝と努力をして、自分の夢に向かって頑張り、夢をかなえなさいという思いで決めました」と優さんは語る。

母の言葉を胸に、小林は最後まで攻守でチームを引っ張った。

「感謝と努力を忘れず、夢をかなえてきた結果が、今ここにあると思う。これから先も3つの言葉を大事にやっていってもらえたらうれしいです」

この試合もアルプス席で応援した母は、甲子園でも堂々と戦い抜いた息子に、そうねぎらいの言葉をかけた。

古田敦也EYE

慶応は1番・丸田くんの足が光りました。1回に出塁すると、捕手がボールを弾いた瞬間にスタートして二塁へ（記録は暴投）。さらに三塁盗塁も決めて先制点につなげました。10回にはライト前ヒットで好機を広げ、自由度の高い1番打者。これからも相手の脅威になりそうです。

迎えた9回、慶応は1死二塁と攻め込むもチャンスを生かせず無得点。広陵も2死一、二塁のサヨナラ機を作ったが、得点することはできなかった。

優勝候補同士による注目の一戦は、期待通りの大接戦となり、今大会6度目の延長タイブレークへともつれこんだ。

無死一、二塁から攻撃が始まるタイブレーク。延長10回、慶応は1番・丸田が強攻策に出る。ライト前ヒットを放って無死満塁。しかし広陵の高尾も、決定打を許さない。八木陽（ひなた）を浅いレフトフライに仕留めて1死。3番・渡辺も内角への直球で詰まらせた。

勢いのない渡辺の打球は二塁手の前へ。本塁には間に合わない。2バウンドで捕球した松下が素早く二塁に送球するも、それが左方向にそれてしまった。

慶応に1点が入り、なお満塁。ここで、5番の延末が一、二塁間を破ってさらに2点を加える。丸田の強攻策でチャンスを広げた慶応が計3点を勝ち越した。

その裏、広陵の攻撃は、慶応の3番手・松井喜一の切れのいいボールの前に3三振。延長タイブレークを制した慶応が、15年ぶりの準々決勝進出を決めた。

選抜大会に続く8強入りを目指し、最後まで全力で戦った広陵ナインの夏は、ここで終わりを迎えた。

第10日　第4試合　［3回戦］　2023年8月16日(水)

専大松戸（千葉） 6-10 土浦日大（茨城）

5回裏、勝ち越しを決める2点タイムリーを放った土浦日大の後藤陽人

最大6点差を覆して土浦日大が逆転勝利！

関東勢対決は、選抜大会8強の専大松戸が先手を取った。

1回、太田遥斗、上迫田優介のタイムリーと広川陽大のスクイズで3点先制し、3回にも3点追加して、一挙6点のリードに成功する。

土浦日大もその裏、香取蒼太、鈴木大和のタイムリーなどで5点を返すと4回にも1点を加えて同点に。さらには5回、後藤陽人のレフト前タイムリーなどで3点を挙げて、逆にリードを奪った。

投げては、3番手の藤本士生が好救援。最後はセンターの香取が安打性の当たりをダイビングして好捕しゲームセット。土浦日大が、初のベスト8入りをつかんだ。

土浦日大のアルプス席では、背番号20・勝田駿己の弟、智己くん(11)が、ひときわ大きな声で応援。「最後まで諦めるな！」と書かれたメガホンで、頑張る兄を後押しした。

一方で、台風7号と大雨の影響で東海道新幹線が大幅に遅れ、専大松戸の学校応援団の大半が、試合に間に合わなかった。試合終了から約1時間が過ぎてから新大阪駅に到着したチアリーディング部の代表は、「今までたくさんのかっこいい姿や素晴らしい試合を見ることができ、とてもうれしく思います」と、学校応援団不在でも頑張った野球部に感謝の気持ちを語った。

取材班MEMO

専大松戸の学校応援団が到着していないと知り、新大阪駅に向かいました。新幹線の中で長時間過ごして疲れているのに、快く取材に応じてくれました。選手への感謝を語る言葉を聞きながら、涙が出そうでした。

（番組ディレクター＝小河篤也）

絶対に負けられない聖地での関東勢対決 白熱した試合の裏には、隠れたドラマが！

学校名	1	2	3	4	5	6	7	8	9	計
専大松戸	3	0	3	0	0	0	0	0	0	6
土浦日大	0	0	5	1	3	0	0	1	×	10

第11日　第2試合　［3回戦］ 2023年8月17日(木)

花巻東（岩手） 5-2 智弁学園（奈良）

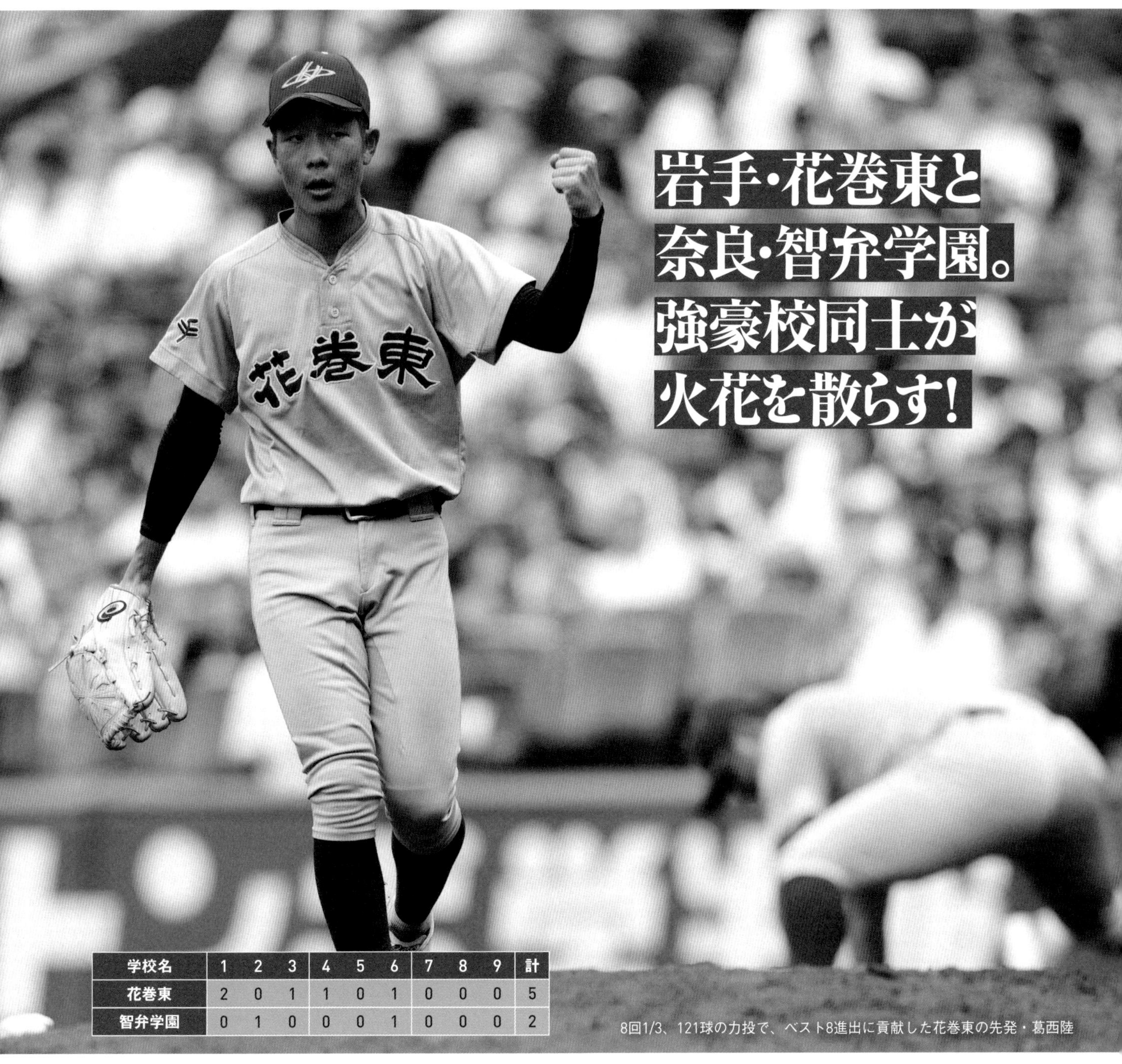

岩手・花巻東と奈良・智弁学園。強豪校同士が火花を散らす！

学校名	1	2	3	4	5	6	7	8	9	計
花巻東	2	0	1	1	0	1	0	0	0	5
智弁学園	0	1	0	0	0	1	0	0	0	2

8回1/3、121球の力投で、ベスト8進出に貢献した花巻東の先発・葛西陸

花巻東が好守にハツラツ 一球必打の智弁学園下す

「一球必打」で勝ち上がった智弁学園。徳島商の好右腕・森煌誠(こうせい)から18安打を放った2回戦では、そのうち9安打がファーストストライク。ひと振りで交代する打撃練習で、確実性と集中力を培ってきた。

この試合も、2点を追う2回、2死から7番・川原崎太一が内野安打で出塁し、すかさず二塁盗塁を決めると、8番・高良鷹二郎(こうらようじろう)がセンター前タイムリーを放つ。この回、ここまでストライクを見逃したのは、盗塁を仕掛けた1球のみ。「一球必打」で1点を返した。

4回も、知花琉綺亜(るきあ)、高良が初球をヒットし、2死一、二塁。松本大輝も初球を狙ったが、ここはレフトフライ。1球で、仕留められない。

逆に6回、花巻東は2死から久慈颯大、熊谷睦がヒットを連ねて2死一、二塁。続く3番・佐々木麟太郎が、初球の直球をセンター前にはじき返し、貴重な5点目を追加した。

序盤に千葉柚樹の二塁打などで3点を先行し、試合の主導権を握った花巻東は、投げては先発左腕の葛西陸が10安打を打たれながらも粘りの力投。守備でもセンター・広内駿汰がダイビングキャッチでピンチを救うなど、バックも無失策で盛り立て、史上初めて東北勢が3校となる、ベスト8入りを決めた。

第11日　第1試合　［3回戦］　2023年8月17日（木）

仙台育英（宮城） 4-3 履正社（大阪）

8回表、仙台育英に勝利を呼び込む決勝のスクイズを決めた尾形樹人

2人の左腕が力投続ける履正社が昨夏の覇者・仙台育英に挑んだ！

学校名	1	2	3	4	5	6	7	8	9	計
仙台育英	0	2	0	1	0	0	0	1	0	4
履正社	0	2	1	0	0	0	0	0	0	3

決勝スクイズを決め仙台育英が勝利をつかむ

履正社には全国屈指のダブルサウスポーがいる。背番号1の増田壮と、背番号10の福田幸之介。福田が大阪大会決勝で、強豪・大阪桐蔭を3安打完封すれば、甲子園での1回戦は、増田が7イニングを4安打無失点に抑えた。「履正社アミーゴ」。実はこの2人、プライベートでも超仲良しな大親友だ。

そんな彼らの前に立ちはだかるのは、昨夏の王者・仙台育英。増田が警戒するのは4番の斎藤陽。

「コンタクト力があって、すごくいいバッター。気持ちで負けないようにしたい」

福田は、1番の橋本航河を意識する。

「足が速い。一番アウトにできるのは三振なので、キレのある変化球で空振りをとりたい」

先発マウンドには増田が上がった。1回を三者凡退に抑えると、2回は警戒する4番の斎藤をショートゴロに。しかし、7番・鈴木拓斗に変化球が甘く入り、先制2ランをレフトスタンドに運ばれてしまった。

履正社もすぐに反撃する。その裏、2死二塁から小川輝、只石琉人のタイムリーで同点に追いつく。

3回、増田はピンチで再び斎藤を迎えたが、ここも決め球のスライダーでセンターフライに打ち取った。

力投をみせ、投球数90球でマウンドを降りた履正社先発の増田壮

夏跡

大親友が交わす「ホンマにありがとう」

履正社を支えた2人の左腕、増田壮と福田幸之介の「履正社アミーゴ」は、プライベートでも大の仲良し。

この日も、増田から福田へとつなぐ継投で、王者・仙台育英を相手に堂々たる戦いぶりを見せてくれた。

宿舎に戻り、互いに過ごした日々を振り返る2人。

「増田がおったから今まで頑張ってこられたし、一緒に甲子園に出たいと思った。ホンマにありがとう」

福田から増田へ、感謝の言葉を告げる。すると、

「最高の試合ができた。ホンマにありがとう」

増田も照れくさそうにそうこたえ、健闘をたたえ合う2人。

この夏を振り返り、試合には負けてしまったが、履正社が日本一のチームだと、自信をもって答えてくれたのは、試合後に涙を流した福田。

仲間と共に、チームに貢献してきた2人の左腕は、熱闘を終えて、高校生らしい笑顔に戻っていった。

古田敦也EYE

仙台育英の勝利を呼び込んだのは、湯浅くんの好走塁でした。8回の先頭打者でライト線にヒットを放つと、判断よく二塁まで走りました。この思い切りの良さが、バント、スクイズによる決勝点につながりました。リスクを冒して勝負するのもセオリーです。見事な積極性でした。

その裏、履正社が西稜太のヒットから1点を勝ち越すが、4回に橋本のレフト前タイムリーで追いつかれてしまう。互いに夏の頂点を知る強豪対決は、一進一退の攻防が続く。

7回、増田が仙台育英の高橋煌稀にセンター前ヒットを許す。送りバントで1死二塁。ここで背番号10の福田がマウンドへ。

「あとは任せたぞ」。

増田がボールを渡し、ポンッと福田のお尻をたたく。

ピンチで迎えるのは1番の橋本。力強い直球で二塁ゴロに仕留めると、続く山田脩也も打ち取る。

2人でひとつ――。ここは「履正社アミーゴ」の想いが、王者・仙台育英を上回った。

しかし8回、仙台育英の3番・湯浅桜翼にライト線二塁打を打たれると、斎藤の送りバントで1死三塁。5番の尾形樹人が左打席に入った。

2球目、福田が投げた瞬間に、尾形がバットを寝かせた。顔の高さに来た直球に、うまくバットを合わせる。福田の足元をゴロが抜け、三塁から湯浅が本塁へ滑り込んだ。

仙台育英の決勝スクイズ――。

「履正社アミーゴ」が、大きな壁に立ち向かった最後の夏。福田は涙で、増田は笑顔で、グラウンドを去った。

先発の湯田統真と2番手の高橋の投手陣が4回以降、履正社打線を0点に抑えた仙台育英は、昨夏、今春に続く8強入りを決めた。

第11日　第3試合　［3回戦］　2023年8月17日(木)

日大三（西東京）　2-7　おかやま山陽（岡山）

初勝利から勢いに乗る おかやま山陽が3勝目

春1回を含む3回目の甲子園で初勝利を挙げ、2回戦も突破したおかやま山陽。その勢いを、2度の全国制覇を誇る日大三にぶつけた。

1回は4番・土井研照の犠牲フライ、2回は先発の西野彰人が自らチャンスで二塁打を放つ。1、2回戦を無失点に抑えた日大三の右腕エース・安田虎太郎から計2点を先行すると、5回には、土井、飯田大貴、西野のタイムリーなどで一挙4得点。リードを5点に広げた。

投げては西野、三宅一誠、井川駿と3投手をつなぎ、日大三にビッグイニングをつくらせず、おかやま山陽が目標として掲げていた3勝目を挙げ、8強入りを決めた。

一方、5年ぶりの準々決勝進出とはならなかった日大三。主将の二宮士と、エースの安田の帽子には、同じ言葉が刻まれている。

「練習は嘘をつかない」

3月末で定年退職した小倉全由前監督がくれた言葉。前監督への恩返しを誓い戦った夏が終わった。

宿舎でのラストミーティング。

「みんなが助けてくれて、甲子園まで来させてもらった。3年生が頑張ってくれて、連れてきてもらったという思いが本当に強い。俺からは、ありがとうしかない」

名将の跡を継いだ三木有造監督は、そう部員たちをねぎらった。

2回に自ら先制タイムリーを放った、おかやま山陽の先発・西野彰人

今大会絶好調の おかやま山陽打線が 勢いのまま、強豪・日大三に 襲いかかる。

学校名	1	2	3	4	5	6	7	8	9	計
日大三	0	0	1	0	0	1	0	0	0	2
おかやま山陽	1	1	0	0	4	0	0	1	×	7

第11日 第4試合 ［3回戦］ 2023年8月17日(木)

神村学園（鹿児島） 10-4 北海（南北海道）

5回裏、今大会では初となる意地の2点本塁打を放った北海・熊谷陽輝

サヨナラ勝利の“ミラクル北海”が驚異的得点力の神村学園と激突!

3試合連続の二桁得点で神村学園が初の8強に

2試合連続サヨナラ勝利の〝ミラクル〟北海と、2試合連続で二桁得点を挙げた強打の神村学園。

1回、いきなり神村学園の打線がつながる。エラーと四球などで2死一、三塁から、5番・岩下吏玖と6番・上川床勇希がライト前タイムリー。さらに松尾龍樹も左中間二塁打を放って計4点を先行する。

しかし、北海もすぐに反撃する。その裏、内野安打の片岡誠亮をバントで送り、3番・熊谷陽輝のライト線二塁打でまず1点。2回もレフト前ヒットの小保内貴堂をバントで送り、岡田彗斗のレフト前タイムリーで、さらに1点を返した。

ミラクルを起こすためにも、引き離されるわけにはいかない。

しかし、強打の神村学園は、相手のスキを見逃さない。4回、2死から四球をもらうと、4番・正林輝大から岩下、上川床が3連続長短打。一挙に3点を追加し、再び突き放す。

試合は、6、9回にも四球を足がかりに得点した神村学園は、3試合連続の二桁得点で勝利。夏は初めてとなるベスト8進出を決めた。

北海は5回、熊谷が左中間スタンドに意地の2ランを放って追い上げたが、以降は神村学園2番手の左腕・黒木陽琉に無安打に抑えられ、準優勝した2016年以来となる準々決勝へは進めなかった。

学校名	1	2	3	4	5	6	7	8	9	計
神村学園	4	0	0	3	0	2	0	0	1	10
北海	1	1	0	0	2	0	0	0	0	4

第12日　第1試合　［準々決勝］　2023年8月19日（土）

慶応 7-2 沖縄尚学

（神奈川）　　　（沖縄）

初のベスト4を狙う沖縄尚学か——それとも、慶応が103年ぶり4強か!?

学校名	1	2	3	4	5	6	7	8	9	計
慶応	0	0	0	0	0	6	1	0	0	7
沖縄尚学	0	0	0	2	0	0	0	0	0	2

6回表、沖縄尚学を突きはなす6点目のホームを踏んだ慶応・渡辺憩

〝ミスターゼロ〟を攻略し慶応が103年ぶりの4強

沖縄尚学の「ミスターゼロ」、東恩納蒼。今夏のスコアボードに誰よりも「0」を並べてきた。

「得点圏にランナーがいると、ギアが上がる」

本人が語るように、ピンチで発動するギアチェンジで、慶応にもホームを踏ませるつもりはない。

その東恩納が最も警戒するのが、「慶応のプリンス」丸田湊斗。1番打者として6割の出塁率を誇り、50メートル5秒9の俊足で、確実に本塁へ帰ってくる。

「どんな形であれ、（1試合）2出塁を掲げている。自分が出たら、かえしてくれると思っている」

と、丸田は自信をのぞかせる。

4強入りをかけた準々決勝は、注目の対決で幕を開けた。

1回、東恩納が丸田を空振り三振に仕留める。3回、2死走者なしの第2打席。丸田はバント安打を狙ったが、これも上手くいかない。

この日も東恩納の安定感は抜群だ。5回まで慶応を3安打に抑え、4回の三者連続を含む7三振を奪う。与えた四死球はなし。甲子園のスコアボードに0を5つ並べた。

すると4回、沖縄尚学の4番・仲田侑仁が慶応の先発左腕・鈴木佳門の変化球を完璧にとらえ、レフトスタンドへ2点本塁打を放ち、2—0。

4回に2点本塁打を放った仲田侑仁。沖縄尚学の得点はこの2点のみ

6回、1死から、東恩納と丸田の3度目の対決。丸田が、ついにスライダーをとらえた。打球が一塁線を破ると、俊足を飛ばし二塁へ。丸田は、三塁ベンチの仲間を鼓舞するように、両手を振り上げた。

出してはいけない走者を出してしまった東恩納。続く八木陽(ひなた)にもレフト前に落とされ、一、三塁。渡辺千之亮には、この試合初めての四球を与えてしまう。

1死満塁、慶応の4番・加藤右悟が右打席に入る。東恩納が投じた初球をとらえ、打球は左中間を深々と破っていく。両手を振り上げた丸田に続き、八木、渡辺千も本塁へ。走者一掃の二塁打。慶応打線が、東恩納のギアチェンジを上回った。

さらに、延末藍太がライト前ヒット。渡辺憩(けい)もライトオーバーの二塁打で続く。この回、一挙6点。

〈ホームベースに、土がついていく──〉

「ミスターゼロ」東恩納が、甲子園で初めてマウンドを譲った。

逆転した慶応は、先発の鈴木から松井喜一、小宅雅己とつなぎ、6回以降、沖縄尚学を2安打に抑える。

そして9回、最後は東恩納が放ったセンターフライを丸田が捕って試合終了。

慶応が、慶応普通部の時代に優勝した1916年と、準優勝した1920年以来、実に103年ぶり3度目となる準決勝進出を決めた。

夏跡 誘ってくれて、ありがとう

小学時代に野球を始めた東恩納蒼は、中学からチームメートになった佐野春斗に誘われ、沖縄尚学に進学した。「お前がいたら甲子園に行ける」と声をかけた佐野は主将となり、「一緒に甲子園に行こう」という約束を実現した。

二塁手として、沖縄大会からこの日まで全8試合を無失策という守りでエースの東恩納を支え、2番打者としても準々決勝で2安打を放ち、チームを引っ張った。

「東恩納がいなかったら、甲子園に来られていないし、勝てていない。一緒に3年間、野球ができてよかった」

そう語る佐野。

「あそこで断っていたら、最高の舞台で投げることができなかったと思う。あのときの佐野に感謝したい」

東恩納も照れながらお礼を言った。

仲間と一緒に夢を追い続けた3年間。選抜大会の3試合と合わせ、聖地で6試合もプレーすることができた。

取材班MEMO

「ホームベースに土がついていく」というナレーションは、当初は別の表現でした。担当ディレクターらと1点の重みがより伝わる表現がないか議論し、収録し直しました。言葉へのこだわりも、熱闘甲子園の伝統だと感じています。

（ナレーター＝三上大樹）

第12日　第2試合　［準々決勝］ 2023年8月19日（土）

土浦日大（茨城） 9-2 八戸学院光星（青森）

土浦日大は3回表、後藤陽人のタイムリーで鈴木大和が生還し、先制点を挙げる

学校名	1	2	3	4	5	6	7	8	9	計
土浦日大	0	0	3	0	0	5	0	0	1	9
八戸学院光星	0	0	0	1	1	0	0	0	0	2

序盤のリードを守りきり土浦日大がベスト4進出

1回戦で完封勝利をあげた八戸学院光星の2年生左腕・洗平比呂を、土浦日大がしぶとく攻略した。

土浦日大は3回、2四球で2死一、二塁から、後藤陽人が変化球に片手一本でバットに合わせる。ゴロで二塁手の左を抜くと、松田陽斗は内角直球に詰まらされながらもショート頭上に運び、一挙3点を先行した。

しぶとさでは、八戸学院光星も負けていない。4、5回と走者を三塁まで進め、内野ゴロの間に1点ずつを返し、1点差に詰め寄った。

6回、八戸学院光星は洗平から同じ2年生左腕の岡本琉奨に継投する。その代わり端を土浦日大が攻め立てた。松田、塚原歩生真がライト前に連打して一、三塁。8番・鈴木大和がスクイズを決めて1点。さらに2四球で、2死満塁から2番・太刀川幸輝が右中間を抜く走者一掃の三塁打を放つ。一挙5得点で突き放すと、9回には松田が今大2本目となる本塁打をバックスクリーン左へ打ち込んでダメを押した。

投げては4回途中から登板した2番手の藤本士生が、6回以降は2安打に抑えて逃げ切り。土浦日大は初めての準決勝進出を決めた。

八戸学院光星は、2年連続準優勝に輝いた2012年以来となる4強入りとはならなかった。

第12日　第3試合　［準々決勝］　2023年8月19日(土)

神村学園（鹿児島） 6-0 おかやま山陽（岡山）

8回表、2死満塁の場面で走者一掃の二塁打を放った神村学園・松尾大悟

快進撃続くおかやま山陽を猛打の神村学園は攻略できるか!?

神村学園が好機を逃さず おかやま山陽旋風止める

甲子園に吹き荒れる「おかやま山陽旋風」。1回戦で日大山形から甲子園初勝利を挙げると、2回戦の大垣日大戦は延長タイブレークの末にサヨナラ勝ち。3回戦では強豪・日大三を下し、ついに準々決勝進出を決めた。

この快進撃に、堤尚彦監督が「すごいな、こいつら」と目を細めれば、渡辺颯人主将も「びっくりが強い」と正直だ。甲子園3勝という目標も、急きょ「決勝進出」に上方修正。

準々決勝の相手は3試合連続で二桁得点の神村学園だ。

先発の西野彰人が、7回までスコアボードに0を刻むと、そよぎ始める「おかやまの風」。

6回、2死一、二塁と先制点のチャンスを迎える。すると神村学園は、2番手の黒木陽琉（くろぎはる）をマウンドへ。4番の土井研照が三振に倒れ、強くなりかけた風が止んでしまう。

8回、神村学園が4番・正林輝大（こうだい）のライト前タイムリーでついに均衡を破る。さらに、松尾大悟の二塁打などで、この回一挙5得点。

この夏、甲子園を沸かせた「おかやま山陽旋風」。そのさわやかな風は、準々決勝でついに止んだ。

勝利した神村学園は、夏の甲子園では初めてとなる準決勝へと勝ち上がった。

古田敦也EYE

打撃が好調な神村学園ですが、実は投手陣もいいんです。0―0の6回、2死一、二塁とされると、ここまで3安打しか打たれていない松永優斗くんから黒木くんにスイッチしてピンチをしのぎます。こういう投手が後ろにいると本当に心強いんです。

学校名	1	2	3	4	5	6	7	8	9	計
神村学園	0	0	0	0	0	0	0	5	1	6
おかやま山陽	0	0	0	0	0	0	0	0	0	0

第12日　第4試合　［準々決勝］ 2023年8月19日(土)

仙台育英（宮城） 9-4 花巻東（岩手）

学校名	1	2	3	4	5	6	7	8	9	計
仙台育英	0	0	4	4	0	0	1	0	0	9
花巻東	0	0	0	0	0	0	0	0	4	4

9回裏2死、佐々木麟太郎がヘッドスライディングするも判定はアウト

花巻東が最後まで粘るも仙台育英が東北対決を制す

ドラマは、9回に待っていた。

高校通算140本塁打の佐々木麟太郎を擁する花巻東だが、昨夏の王者・仙台育英に一方的に攻められ、0－9と大量リードを許していた。

しかも、8回は3番の佐々木が三振に倒れて攻撃が終わり、9回は4番・北條慎治から始まる。それでも佐々木は、ベンチでヘルメットをかぶり、バットを手にじっと待つ。

まずは、先頭の北條が四球を選んで出塁。すると、千葉柚樹、広内駿汰、堀川琉空(りく)が安打を連ねて2点をかえす。その後、2者が倒れたが、築田蒼汰、熊谷陸も安打でつなぐ。

これで2点を追加し、4－9。なお1死一、二塁。

ついに、佐々木まで打順を回した。

「チームメートが自分まで回すと言ってくれていたので、その想いだけを背負って打席に立ちました」

2ボール2ストライクとなった5球目。佐々木は内角への球に詰まらされながらも、一、二塁間へ弾き返す。

しかし、仙台育英の守備は堅かった。二塁を守る浅面大地が飛び込んで打球を押さえ、すぐ立ち上がって一塁へ送球する。

佐々木も一塁ベースに頭から滑り込んだが、わずかに送球が早く、間一髪のアウトでゲームセット――。

この試合、8回までは仙台育英の

3回表に、鈴木拓斗のタイムリーなどで一挙4得点をあげた仙台育英

夏跡 仲間が繋いだ、9回の攻撃

麟太郎に回せ——。

9-0と大きくリードされた9回裏、花巻東の攻撃。

前の回の最終打者である佐々木麟太郎まで回すには、打者を一巡するしかない。でも、選手たちは諦めない。

あとアウト3つで試合終了。そんな状況でも、仲間たちは佐々木に打順を回そうと懸命にプレイした。

そしてついに、打順は佐々木まで回ってきた。打席に向かう佐々木は、何度も小さくうなずきながら、仲間たちの思いをかみしめる。

しかし、チャンスを生かすことはできなかった——。

「高校野球人生、辛かったこと苦しかったことも多かったですけど、甲子園でプレーさせてもらって誇らしかったし、みんなへの感謝の気持ちが頭の中で巡っていました」

試合後、涙を流しながら語った佐々木。プレッシャーに耐えながら、仲間を信じた佐々木の夏が終わった。

強さばかりが目立った。

剛腕うなる投手陣を擁して連覇を狙う仙台育英に対し、花巻東も佐々木の後ろを打つ北條、千葉は3回戦で計7安打と調子を上げて、この大一番に臨んでいた。

剛腕と強打という、注目のマッチアップとなった東北対決だが、仙台育英の先発右腕・湯田統真が試合の流れを作ってみせた。

1回2死から佐々木を左打席に迎えると、その5球目に自己最速となる151キロをマーク。最後は低めの直球で投手ゴロに打ち取る。4回の第2打席も、チェンジアップを低めに沈め、空振り三振に仕留めた。

4回まで好調な花巻東打線を1安打、8奪三振。湯田の力強い投球に、味方打線も応える。

3回、橋本航河、斎藤陽の内野安打などで2死満塁。5番・尾形樹人のライトオーバーの二塁打と6番・鈴木拓斗のセンター前タイムリーで、計4点を先行。4回にも、住石孝雄のヒットを皮切りに好機を広げ、3番・湯浅桜翼、4番・斎藤のレフト前タイムリーなどで4点を追加した。さらに7回には、尾形がレフトスタンドに本塁打を打ち込み、9―0と大量リードをつくった。

9回に反撃を許したが、終わってみれば5点リードを残して快勝。仙台育英が春は破れた準々決勝を突破し、連覇まであと2勝に迫った。

第13日　第1試合　［準決勝］　2023年8月21日(月)

神村学園（鹿児島）2-6 仙台育英（宮城）

準々決勝完封リレーの神村学園か 夏連覇へと突き進む仙台育英か!?

好投をみせ、5回2失点でマウンドを降りた仙台育英エース・高橋煌稀（右）

学校名	1	2	3	4	5	6	7	8	9	計
神村学園	0	1	0	0	1	0	0	0	0	2
仙台育英	0	1	4	0	0	0	0	1	×	6

自在な攻撃を見せた仙台育英が連覇に王手

神村学園は準々決勝まで4試合で失点7。ベスト4の中で最も点をとられておらず、チーム防御率は1・75。投手陣の柱となるのはエース右腕の松永優斗と、リリーフ左腕の黒木陽琉。準々決勝は完封リレーで、チームを初の準決勝に導いた。

準決勝で挑むのは連覇を狙う仙台育英。150キロトリオの投手陣が注目される中、チーム51安打、4本塁打、40得点は、いずれも出場校トップと打線も好調だ。

日本一まで、あと2つ。王者の打線に、強力投手陣が立ち向かう。

1回、神村学園の先発・松永の立ち上がり。仙台育英の1番・橋本航河に四球を与え、すぐ二塁盗塁を許してしまう。しかし、松永はあわてず後続をしっかり抑える。

すると、2回に味方打線が昨夏の優勝投手・高橋煌稀から1点を先制してくれた。レフト前安打の4番・正林輝大をバントで送り、7番・松尾龍樹が左越え二塁打を放った。

しかしその裏、仙台育英も5番・尾形樹人がセンター前安打で出塁して二塁盗塁。7番・登藤海優史に三遊間を抜かれ、同点となる。

なおも2死二塁とピンチは続き、神村学園が早くも継投策に出る。幾度となくチームを救ったリリーフ左腕の黒木がマウンドへ。

5回表、激走して貴重な追加点のホームを踏んだ神村学園主将の今村歩夢

黒木は1番・橋本をセカンドゴロに打ち取り、この回での逆転を許さなかった。

ただ、3回も仙台育英打線が襲いかかってくる。安打で出た山田脩也が盗塁などを決め、1死三塁。4番の斎藤陽がスクイズを敢行してきた。

4番でもスクイズ。王者は確実に点を取ってくる。

さらにピンチは続く。1死二塁で、6番・鈴木拓斗に、黒木の変化球が甘く入ったところをとらえる。打球はバックスクリーン右のスタンドに吸い込まれ、この回一挙4失点。

これぞ、王者の打線。わずかなスキを見逃してくれない。

5回、神村学園は今岡歩夢、増田有紀の1・2番が長短打を連ねて1点をかえす。しかし、8回、仙台育英の1番・橋本にセンター前タイムリーを打たれ、また突き放される。

2－6。4点を追う神村学園、9回の攻撃。先頭の正林が仙台育英の2番手・湯田統真に食らいつき、ライト前安打で出た。1死一、二塁。

しかし最後は、二塁ゴロ併殺で試合終了。神村学園は最後まで勇ましく戦ったが、やはり王者・仙台育英の壁は高かった。

本塁打に5盗塁、好機で4番がスクイズと、自在な攻撃で試合巧者ぶりを発揮した仙台育英が、昨年大会に続き決勝進出。史上7校目の連覇に王手をかけた。

夏跡
弱虫だけど、“強虫”になれた

好リリーフで神村学園の快進撃を支えた黒木陽琉。応援席にあいさつした時、「よく頑張った」などとねぎらわれ、こらえていたものがあふれ出てきた。

王者・仙台育英に圧力をかけられ、守備やバッテリーのミスも出た。小田大介監督は、

「誰かが打たれたとか、誰かがミスしたとか、誰かを責めないでくれ。ベスト4まで鹿児島県が勝てない中で、ここまで連れてきてくれてありがとうございました」

と頭を下げ、「胸を張って帰ろう」と選手たちに告げた。

背番号1の松永優斗と2人で、甲子園のマウンドを守り抜いた黒木。控え投手の松元涼馬は「全然打たれないので、自分の出番がなかった」と素直に褒めたたえた。

「弱虫だったけど、“強虫”になれました」

この夏をそう振り返った黒木。その成長ぶりを、女手一つで育ててくれた母・咲子さんも応援席から見届けた。

古田敦也EYE

仙台育英の強さを支えているのが捕手の尾形樹人くんです。打っては打率4割7分4厘、2本塁打、7打点。肩も強いので、相手の盗塁を刺すこともできます。そして何より、投手陣を巧みにリードする力があります。本人に聞くと、「それぞれの性格で対応を変える」というから頼もしい限りです。

第13日　第2試合　［準決勝］　2023年8月21日(月)

土浦日大（茨城） 0-2 慶応（神奈川）

慶応×土浦日大、歴史を開拓し決勝の大舞台への切符を掴むのは!?

学校名	1	2	3	4	5	6	7	8	9	計
土浦日大	0	0	0	0	0	0	0	0	0	0
慶応	0	1	0	0	0	1	0	0	×	2

慶応の主将・大村昊澄は、6回に2点目となる右前タイムリーを放つ

エースが投打で躍動し慶応が103年ぶり決勝へ

1世紀の時を経て、103年ぶりに準決勝の舞台に立つ慶応。対するは初めて4強に進んだ土浦日大。

新たな歴史を創るのは——。

慶応の2年生エース・小宅雅己が投打で躍動する。ストレートが伸び、スライダー、チェンジアップを効果的に織り交ぜる。危なげない投球で、土浦日大のしぶとく、つなぐ打線を封じ込めていく。

打っては2回、2死二塁の先制機で左打席へ。直球をとらえると、打球はセンターの頭上を越えていく。自らの先制二塁打で、スタンドに「若き血」の大合唱を響かせた。

さらに慶応は6回、二塁打の渡辺憩をバントで送って1死三塁。打席には8番を打つ主将の大村昊澄。土浦日大の左腕・藤本士生がキレのいい変化球で対抗する。大村はファウルにするのが精いっぱい。

3球目、スクイズを仕掛ける。

それでも大村は粘った。3球ファウルのあとの8球目、ついに変化球をとらえた。打球はセンター前で弾む。ようやく手にした貴重な2点目。

土浦日大も伊藤彩斗、藤本の継投で2失点にとどめ、8回に代打・飯田翔生、1番・中本佳吾の安打で粘りを見せたが、得点できなかった。

慶応が103年ぶり、3度目の決勝にコマを進めた。

斎藤佑樹EYE

慶応の小宅投手は、打者有利のカウントをつくらせなかったことが勝因だと思います。ボールが2球先行したのは2度だけ。ストライクをとりにいくボールでも、空振りやファウルがとれるのが強みです。僕も準決勝で完封し、自信をつけて決勝に挑めました。決勝での投球も楽しみです。

夏跡
仲間が連れてきてくれた甲子園

土浦日大の塚原歩生真主将をアクシデントが襲ったのは、茨城大会の準決勝だった。頭部に死球を受け、甲子園出場をかけた決勝戦は欠場を余儀なくされる。

「キャプテンを甲子園に連れていこう」

ドクターストップがかかった主将がベンチから声をかける中、仲間たちが9回に3点差を逆転する粘りの野球で、甲子園出場を決めてくれた。

今度は自分が恩返しを——。塚原は開幕試合から先発マスクに復帰し、投手陣を好リード。延長タイブレークとなった10回にはタイムリーも放った。5試合で6安打。好守で快進撃をリードし、「最後の最後に恩返しができたかな。みんなの分まで背負って戦えたと思います。ベスト4まで来られて幸せです。この仲間と一緒に（野球が）できて、本当に良かったです」

仲間が連れてきてくれた甲子園、仲間に感謝の夏だった。

土浦日大先発の伊藤彩斗。慶応打線をわずか1得点に抑える力投をみせた

松坂大輔×長島三奈

“平成の怪物”と番組の歴史を紐解く

〝平成の怪物〟が生まれた1998年、伝説の夏

春夏秋冬と書いて、『コウコウヤキュウ』と読みます

長島三奈さんが「熱闘甲子園」の司会を初めて担当したのは、1998年夏だった。この年、日本中にフィーバーを巻き起こしたのが「平成の怪物」こと松坂大輔さんであり、「松坂世代」と呼ばれる球児たちが甲子園で躍動した。

「もう大変でした。毎日、勝っては泣き、負けては泣いてみたいな。毎日ドキドキして、忙しかったんですよ」

1年目を振り返る朝日新聞のインタビューで、三奈さんは目を輝かせて語っている。

「あの1か月は、もう会社に入って一番、もうナンバーワンですね」

入社8年目、30歳で初めて体験した高校球児と過ごす夏だった。

それまでもスポーツ報道に携わっていたが、高校野球の取材経験はなかった。誰よりも現場主義を貫く三奈さんは、夏前に栃木県の県立高校の練習を見に行った。

そこで選手たちが一生懸命に練習している姿や笑顔を見て、一瞬で心を奪われたという。

そして、迎えた夏の甲子園は、い

まも大会史に残る名シーン、名勝負の数々が次々と生まれる伝説の大会となった。

　開幕試合からいきなり延長戦となり、明徳義塾（高知）が桐生第一（群馬）を下す。

「スギーのノーヒットノーランや、サヨナラボークもありました」

　注目の松坂投手が初戦を戦った大会第6日、その直後の試合で、鹿児島実の杉内俊哉投手（元巨人ほか）が、許した走者は四球1人だけという大記録を達成したのだ。

　サヨナラボークがあったのは2回戦。延長15回まで好投を続けた宇部商（山口）の2年生エースがぼう然とする立ち尽くす姿も印象的なシーンとなった。

　松坂さんとともに好投手として注目された沖縄水産の新垣渚投手（元ソフトバンクほか）は、埼玉栄（埼玉）の2年生、大島裕行選手（元西武）に逆転2ランを打たれて1回戦で敗退する。

「目が合ったら、もうボロッて、2人で泣いちゃって」

　例年にも増して、ドラマが多く生まれた記念大会。

　その中心で、まぶしいばかりの輝きを放ったのが横浜（東神奈川）のエース、松坂さんだった。

　2回戦は杉内投手と投げ合い、自ら本塁打も放って勝ち進む。3回戦で名門の星稜（石川）を下し、準々決勝でPL学園（南大阪）と再戦。


春の選抜大会では準決勝で対戦し、3―2でなんとか逆転勝ちした最大のライバルである。

　注目の一戦はPL学園が先行し、横浜が追いつく展開で延長戦へ。松坂さん自身も「18回引き分け再試合を覚悟した」という死闘となり、17回にようやく決着した。

「印象に残っているのは試合後の選手の表情なんです。勝った横浜が大泣きしている。逆に負けたPL学園の選手たちは笑顔。横浜の選手に『ありがとう。優勝しろよ』と声をかけたというんです」

　ドラマは続く。松坂さんが先発を回避した翌日の準決勝は、8、9回に6点差を逆転し、サヨナラ勝ちで横浜が明徳義塾を下す。

　勝敗が決した瞬間、明徳義塾の選手たちが一斉にグラウンドに倒れ込んだ。地面に伏したまま動けなくなったシーンも、三奈さんの心に強く刻まれた。

　そして、決勝は松坂さんが京都成章を相手にノーヒットノーランを達成し、春夏連覇を決める。

　三奈さんは敗れていく球児たちを涙で見送りながら、最後まで勝ち残った「平成の怪物」が、自身にとっても忘れられない球児となった。

　大会後、「松坂世代」の甲子園球児たちが今度はジャパンのユニホームを着て大阪で開催されたアジアAA大会に出場。この大会はもちろん、神奈川国体、そしてドラフト会議と球児たちを密着取材し、松坂さんを追い続けた。

　そして、高校野球は三奈さんのライフワークとなった。以来、「熱闘甲子園」のキャスターを務めた回数は15回を数えた。学校や球場に出かけながら、また夏が来るのを待ちわびる。

「私の場合、春夏秋冬と書いて、『コウコウヤキュウ』と読みます」と笑う。

　そんな三奈さんが松坂さんと一緒に「熱闘甲子園」に帰ってきた。大会第9日、8月14日だった。

　あの夏の映像を見ながら、「懐かしいですね」と話す2人。

「今やもう、お父さんになっちゃって」と三奈さんに見つめられ、松坂さんは照れくさそうに笑った。

1998年夏の甲子園 横浜高校の軌跡

1回戦	vs 柳ヶ浦	6-1
2回戦	vs 鹿児島実	6-0
3回戦	vs 星稜	5-0
準々決勝	vs PL学園	9-7
準決勝	vs 明徳義塾	7×-6
決勝	vs 京都成章	3-0

第80回全国高校野球選手権記念大会（1998年）

　松坂大輔投手を擁する横浜は前年秋の新チーム結成以来公式戦負けなし。秋の明治神宮大会、春の選抜大会を優勝し、夏の甲子園にも戻ってきた。

　日本中の球児が「打倒・横浜」「打倒・松坂」を掲げる中、横浜は順当に勝ち進み、準々決勝で最大のライバルと見られたPL学園と対決。延長17回の末に下し、準決勝では明徳義塾を大逆転で退けた。決勝では松坂投手が京都成章を相手にノーヒットノーランを達成。史上5校目の春夏連覇に花を添えた。小山良男主将は開会式で選手宣誓をしており、24年ぶりの「宣誓優勝」となった。

　史上最多の55校が参加。序盤から熱戦が続く大会となった。

日本で一番熱い夏──。番組のウラ側を大公開！

『熱闘甲子園』キャスター

ヒロド歩美の1日

2016年から『熱闘甲子園』のキャスターを務めるヒロド歩美さん。大会期間中は試合取材、宿舎取材、番組出演と朝から晩まで大忙し！ 一体、どんなスケジュールでこの夏を乗り切ったのか、大会期間中の「とある1日」をご本人に伺いました！

7:00
起床→メイク、朝食

睡眠をしっかりとることを最優先にしているので、ギリギリまで寝ています！ メイクはとにかく最速でサクサクと（笑）。朝食は母が作ってくれるモノを毎日食べてしっかりとエネルギーチャージ！ ごはん、納豆、おみそ汁、焼き鮭、卵焼きの和食セットが定番メニュー。母には本当に感謝です！

7:40
自宅出発

自宅から甲子園球場までが近いので、8時開始の第1試合に間に合うタイミングで家を出ます。移動中の車の中で熱中症対策のフルーツを食べて試合に臨みます。

7:55
甲子園球場に到着

到着したらすぐに本部に向かって取材の準備をします。

8:00
第1試合開始

3～4イニングくらいは本部で試合を観て、そこからアルプススタンドに移動します。『みんなの声』というコーナーがあるので、まずはその撮影をしつつ、撮影が終わったらアルプスで周辺取材。そこで、過去に取材をしたことのある球児や関係者の方との再会もあるので、個人的にもすごく充実した時間を過ごせます。

10:30
第1試合終了

第1試合が終わったら、担当ディレクターと一緒に試合に敗れてしまった高校への宿舎取材の交渉をします。OKを頂いたら、第2試合の試合前ノックが始まったころ合いで宿舎へ移動します。

10:50
宿舎へ移動

移動中はディレクターと打ち合わせをしながら、どういうことを聞こうか、取材の準備を進めます。

※本文中の取材写真はイメージです

12:30
1校目の宿舎取材開始
宿舎の取材は、キャスターとして一番気をつかう部分でもあります。「お邪魔させて頂いている」という気持ちを忘れずに、できるだけ選手や関係者の方の予定を崩さないことを意識しています。取材する側としても、たとえば昼食や夕食をとって一呼吸おいてから取材したほうが「笑顔」が見られるケースが多いので、「私たちは全然待ちますのでお構いなく!」というスタンスで臨むようにしています。

14:15
2校目の宿舎取材へ移動
車中で昼食をとります。時間に余裕があるときは、動き回っているほかのスタッフさんには申し訳ないけど……喫茶店でランチをとることもあります(笑)。とはいえ、試合展開によってスケジュールが動くので、いつでも、どんな動きも取れるように準備はしています。

15:00
2校目の宿舎取材
1試合目と違って試合を観ることができていないので、担当ディレクターと試合内容やどんなことを取材したいのかをしっかりと共有して取材に臨みます。

17:00
ABCテレビに戻ってナレ録り
3件目の宿舎取材までの合間に一度ABCテレビに戻って、夜放送するぶんのナレーション収録を行います。ABCに戻るタイミングはその日によってマチマチ。試合終了時間や次の取材先までの距離などによって「いつ戻るか」を判断します。もちろん、夜まで戻れないケースもあります。

18;30
3校目の宿舎取材へ移動
取材の合間や移動時間に試合の映像をチェックすることはできますが、どうしても全部は追えないので、改めて試合展開のおさらい、取材内容のすり合わせを行います。

19:30
3校目の宿舎取材
宿舎取材のリミットは21:00なので、そこまでには終わらせるように逆算も必要です。とはいえ、こちらから急かすようなことはせずに、やはりしっかりと夕食をとってもらった後の取材がベストです!

23:40
『熱闘甲子園』ON AIR終了!
放送が終わったらそのまま短めの反省会を行います。もちろん、古田さん、斎藤さんも同席します。スタッフからその日の番組内容の意図であったり、なにか変更があったりした場合はその理由など、出演者も含めて全員で共有することが主な目的です。

24:15
ABCテレビから帰宅
反省会が終わったら、翌日の打ち合わせを済ませて、着替えて帰宅します。

25:00
帰宅
帰宅後はお風呂に入って、翌日の準備をします。

26:00
就寝
睡眠時間を確保したいので、なるべく早くベッドに入ることを意識しています。ただ、その日の試合や取材の興奮が残っていて、なかなか眠れないことも……そんなときは番組スタッフに「今日すごかったよね!」とLINEしてしまうこともあります。深夜に付き合ってくれるスタッフにも感謝です(笑)。

MEMO
ここに書かれている「1日」も、あくまでも14日間あるうちの「1日」。同じスケジュールになることはまずありません。試合の展開、試合終了時間、取材先がどこになるのか、移動にどのくらいかかるのか、本番でどの試合をどう取り上げるのかによってもスケジュールは変動します。だから、毎日の「スケジュール表」みたいなものは、実は存在しません。毎日、刻一刻と変わる予定に合わせて、最善の選択をしながら動き回る……そんな14日間でした(笑)。

20:45
ABCテレビに帰社
帰社後は、ナレーション撮り、その日の内容のすり合わせ、古田敦也さん、斎藤佑樹さんも交えての打ち合わせ、着替えなどを行って本番に備えます。時間があれば、このタイミングで軽めの夕食もとってしまいます。

22:00
リハーサル
スタジオで通しのリハーサルを行います。

23:10
『熱闘甲子園』ON AIR開始!

ヒロド歩美さんに聞きました!

Q 熱中症対策は?

A こまめにフルーツや水分を摂ることを心がけています。あとは、日ごろいろいろな高校を取材していると、各校の「熱中症対策」を知ることができるので、参考にさせてもらうこともあります。一番気を付けているのは「のどが渇く前に飲む!」です。

Q 大会期間中の癒やしは?

A 大会中の「休養日」は選手たちはもちろん、実は番組スタッフにとってもすごく重要です。もちろん、休養日であっても仕事はあるけど、朝早起きして試合を見て、すぐに移動して……というバタバタしたスケジュールではないので、良いリフレッシュにはなっています。

Q 番組の中で気をつけていることは?

A 今年は初めて斎藤佑樹さんをお迎えしたんですけど、特に初日はあまりバタバタしたところを見せないようにしようと。(共演者という意味では)身内ではありますが、初日からいきなり不安にさせてはいけないぞ! と気合いを入れました(笑)。

Q 高校野球を取材するうえで気を付けていることは?

A カギカッコをそのまま伝えるということです。自分の中で「こういうことなのかな」と解釈して伝えるのではなくて、できるだけ「ありのままの言葉」として伝える。一見、シンプルで工夫がないように思われるかもしれないですけど、思春期の高校生は色々なことを感じる年代だし、大人のフィルターをできるだけ通さないこと。そうやって伝えることはずっと意識し続けています。

Q 今大会で一番キツかった1日は?

A ズバリ、開幕日です。この日は3試合しかなかったんですけど、第1試合からいきなり延長戦で……。なかなか取材の予定が決まらなかったり、今年の夏は4年ぶりに対面取材が解禁されたので"勘"を取り戻すのも苦労しました。終わってみたら「初日が一番バタバタだった……」という印象です。

ヒロド歩美さんが選ぶ!

ヒロドの小ねっとう BEST 3

番組TikTokに投稿されている『ヒロドの小ねっとう』。球児からも「小ねっとうネタあります!」と絶大な人気を誇る小ネタ企画の中から、ヒロドさん自らがベスト3を選出!

3

#宇部鴻城の大声1番決定戦

「涙や感動だけじゃなく、こういう高校生っぽい素顔も見られるのが取材の醍醐味です。みんなの大声と盛り上がり、すごかった……(笑)」

『ヒロドの小ねっとう』は
熱闘甲子園のTikTokアカウント
(@nettoh_koshien)をチェック!

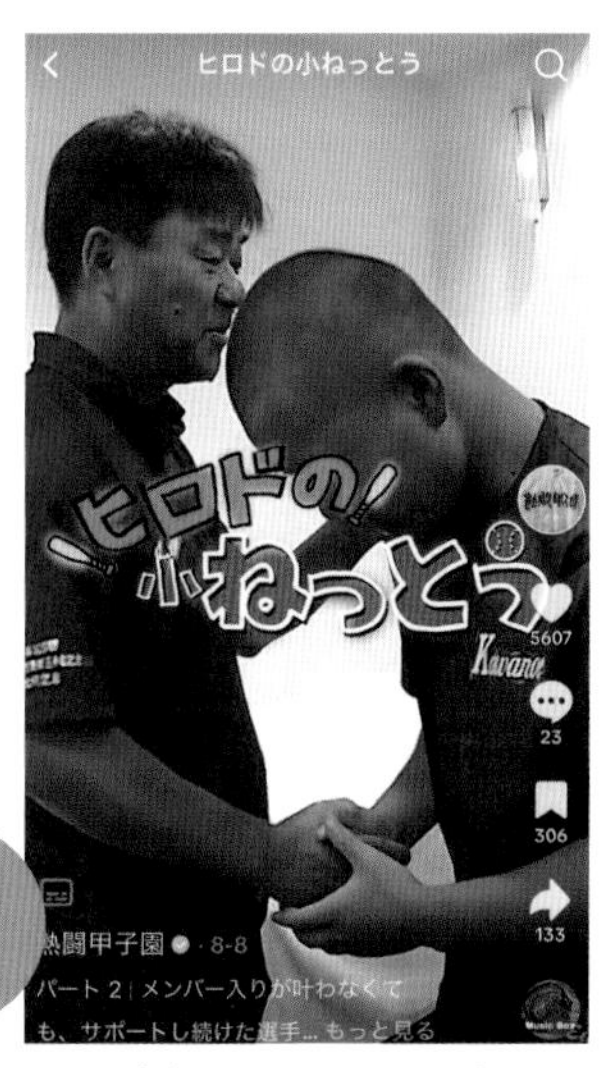

2

メンバー入りが叶わなくても、サポートし続けた選手。#川之江 #大西瑛斗くん

「監督の思い、素敵な言葉がたくさんあって。番組本編では幼なじみのエピソードを取り上げたんですけど、こういうシーンをオンエアとは違う形で世の中に出せるのはTikTokならではだなと思いました」

1

#明豊 アルプスにいた2人の少年 選手もアルプスも一緒に戦った #吉川孝成くんの弟に、お話を聞きました

「昨年11月に亡くなった吉川孝成くんの弟さんに話を伺いました。これは番組でもオンエアされましたが『明豊に行って、プロに行く!』と言っていて、こうやってつながっていくんだなと」

ヒロド歩美と全国の高校球児たちとの絆

キッカケは2020年 500通以上の直筆手紙を送る

2020年——。世界中を襲った新型コロナウイルスの脅威。日本でも緊急事態宣言が発令されるなど、経済、エンタメ……あらゆるものがストップした。その中でも大きな影響を受けたのが〝スポーツ〟だった。プロアマ問わず、ほとんどの試合、活動が中止に追い込まれた。高校野球も春のセンバツ、夏の選手権大会がともに中止。この年の3年生は、夢であり目標だった甲子園を〝目指すこと〟さえできなかった。

当然、『熱闘甲子園』もこの年は放映されていない。番組キャスターを務めるヒロドさんにとっても、その衝撃は大きかった。

「本当にすべてが止まってしまって、私自身もスポーツの現場に行くことがなくなりました。特に野球をやっている高校生にとってはその年が最後で唯一の1年。それまでに犠牲にしてきたものって、計り知れないじゃないですか。高校生活の2年半だけじゃない。それこそ、野球をはじめてからの十何年間を奪われたような感覚だったと思うんです」

夏の甲子園中止が決まり、ヒロドさんは「私にもなにかやれることはないか」と考えたという。そこで始めたのが、全国の高校野球部へ直筆の手紙を送ることだった。

その数、実に500通以上。

「まずは過去、甲子園に出場したことのある学校すべてに手紙を送ろうと思いました。大会記録とにらめっこしながら学校名、住所を調べて……あのころは本当に毎日、手紙を書いていましたね」

取材でお世話になった学校だけでなく、過去に一度も取材したことのない学校にも手紙を送った。

しばらくすると、送り先の学校からも次々と返事が届いた。監督、主将、マネジャー……。それぞれに〝想い〟が詰まった手紙だった。

「しっかりと切り替えて前を向いている子もいれば、まだショックから立ち直れていない子もいました。コロナ禍による甲子園大会中止の受けとめ方、乗り越え方、そのタイミングも人それぞれなんだと改めて痛感しました」

手紙による交流を経て、今年の夏。ついに対面取材、スタンドでの声出し応援が解禁された。〝脱コロナ〟とまでは言えないかもしれないが、〝withコロナ〟で高校野球界も確実に前進している。

「返事をくれた高校の中には、今年の夏の甲子園に出場した高校が何校もあったんです。当時の生徒たちはもう卒業して、いないんですけど、取材現場で監督や関係者の方から『お手紙ありがとうございました』と言っていただけたのは本当にうれしかったですね」

各校から届いた手紙は、ヒロドさんにとって「宝物」だという。

「2020年以降、取材する側としても気持ちは大きく変わったと思います。あの年だけでなく、あの年を経て今がある。それを感じながら、毎年、取材させて頂いています」

ヒロドさんと全国の高校生たちの交流は、これからも続いていく。

熱闘甲子園 2023

熱闘甲子園キャスター
古田敦也
斎藤佑樹
ヒロド歩美

番組スタッフ
プロデューサー 池上義博（ABCテレビ）
古賀佐久子（テレビ朝日）
編集長 今村圭介（ABCテレビ）
片平裕志（テレビ朝日）

特別協力
日本高等学校野球連盟
朝日新聞社

協力
ベスティ
ABCフロンティア
日刊スポーツ新聞社

熱闘甲子園2023
©ABCテレビ・テレビ朝日

2023年11月22日発行

発行人 三雲薫
発売元 株式会社文化工房
〒106-0032 東京都港区六本木5-10-31
TEL.03-5770-7100
TEL.03-5770-7108（販売直通）

印刷 シナノ印刷株式会社

書籍スタッフ
プロデューサー 横井隆
編集 花田雪
安東渉
中村麻由美
執筆 安藤嘉浩
相沢孔志（日刊スポーツ）
アートディレクション&デザイン 下舘洋子（bottom graphic）
デザイン 田中宏幸（田中図案室）
写真 日刊スポーツ
撮影 大久保惠造
日下将樹
制作協力 大野亜希
小池美津子（共同制作社）
田中由貴（共同制作社）
販売 井上美都絵

ISBN978-4-910596-17-4

乱丁・落丁はお取替えいたします。
無断複製・転載・引用を禁じます。